組織の未来は「従業員体験」で変わる

株式会社NEWONE代表取締役社長
上林周平
グロービス経営大学院講師
松林博文

人手不足の時代に
エンゲージメントを
高める方法

英治出版

はじめに

私たちは現在、「体験価値」の時代を生きています。

２０００年代以降に生じた消費行動の大きな潮流として、消費者が求めるものがモノからコトに変化したと言われています。モノやサービスを購入するとき、値段や性能といった物理的・客観的な価値だけでなく、得られる満足感や、感情や好奇心に訴えかける要素など、体験に基づく主観的な価値が重要視されるようになったのです。

それに伴い、マーケティングや経営戦略の世界では、利用者や顧客の得られる体験価値を意味する「ユーザーエクスペリエンス（ＵＸ）」や「カスタマーエクスペリエンス（ＣＸ）」の重要性が盛んに語られるようになりました。モノがあふれている現代、顧客に選ばれるためには良い体験価値を提供することが必要というわけです。モノを売るのが難しくなったとも言えますし、買い手側に力がある顧客優位の時代とも言えるでしょう。

では、顧客の体験に多くの注意が払われるようになった一方で、働く人の体験についてはどうでしょうか。

経営者やマネジャーは、顧客体験だけでなく従業員体験について、どのくらい考えているでしょうか。

顧客にとって体験価値が重要になっているのと同様に、働く人が仕事のなかで得られる体験価値も、これまでにないほど重要になっています。近年、人事・HRの分野で注目され、エアビーアンドビー（Airbnb）やアドビ（Adobe）などの先進企業が取り入れていることでも知られるこの体験価値、「従業員体験（エンプロイーエクスペリエンス、EX）」が、本書のテーマです。

いま日本の多くの企業が、人材確保に苦しんでいます。背景には少子高齢化や団塊世代の一斉退職、雇用の流動性の高まりがあり、当面の間この傾向が大きく変わることはないでしょう。経営者や人事担当の方から、「良い人材が採用できない」「若手社員が定着しない」といった悩みを聞くことは多く、年々深刻化しているとも感じます。

また仕事についての価値観の多様化や世代間ギャップ、働き方の多様化、リモートワークの普及といった職場環境の変化もあり、以前よりもマネジメントが難しくなったという声もよく聞きます。

こうした時代において、企業が働く人たちに職場として選ばれるために、そして意欲的に仕事をしてもらうために鍵となるのがＥＸです。働く人が仕事のなかでどんな体験をして、どのような感情を抱いているのか。従業員の体験に注目し、それがより良い体験になるように仕組み・仕掛けを整えることが、マネジメントの極めて重大な課題になっています。

ＥＸは、近年広く関心を持たれるようになった「エンゲージメント」や「人的資本経営」にも関係があります。

残念ながら、各種の調査で、日本企業ではエンゲージメント（会社や仕事に対する自発的な貢献意欲）や働きがいが低いという結果が出ています。それは多くの企業で働く人たちが満足のいく体験を得られていないことを示唆しています。エンゲージメントは会社の業績にも大きく影響することがわかっており、日本企業のエンゲージメントの低さはかなり深刻な問題です。ＥＸを向上させることが、その効果的な解決策になります。

人的資本経営とは、働く人の能力や知識を資本とみなし、その価値を最大限に引き出して企業価値向上につなげるという考え方です。これを実現するには個々人に合ったマネジメントが求められますが、そこでもＥＸに目を向けることが成功の鍵となるでしょう。

日本の企業社会では「お客様は神様だ」といった思想が昔からあります。それが優れたサービス品質やおもてなし文化を生んだのだと思いますが、一方で、そのために働く人に犠牲を強いたり、粗雑に扱ったりしてきた面もあるかもしれません。日本企業のエンゲージメントの低さは、多くの企業が顧客を大切にする一方で従業員を蔑ろにしてきたことを示唆しているように思います。

もちろん、家族的な経営スタイルや「人を大切にする経営」を掲げる例も、日本には数多くあります。ただし、現代における会社と従業員の関係は、会社が「親」のように従業員を保護する関係ではなく、対等な関係、さらには従業員優位の関係になってきています。組織と個人の関係性は大きく変わりつつあり、その変化を踏まえなければ適切なＥＸを生み出すことはできません。働く人の目線で、仕事のなかで得られる「体験」をとらえ直す必要があるのです。

この本は、多くの企業、とりわけ人材流出や採用難、エンゲージメントの低さなどの困難に直面している中小企業をはじめとする企業の経営者・人事担当の方々に、ＥＸの大切さと、優れた従業員体験の設計（ＥＸデザイン）の手法をお伝えするために書きました。

自己紹介が遅くなりましたが、私は上林周平といいます。

私は大学卒業後、３年ほど外資系コンサルティング会社で働いた後、企業の人材育成、組織開発を行うベンチャー企業の立ち上げに関わりました。２０１７年には株式会社ＮＥＷＯＮＥを自ら設立して６年強の間、多数の企業のエンゲージメント向上支援と自社のエンゲージメントに向き合ってきました。

その中で、エンゲージメント向上のための施策を行ったにもかかわらず、それに対して従業員が受け身になり、かえって自発的な貢献意欲が下がってしまう現象を多く見てきました。経営や企画サイドが真剣に考えたとしても、従業員側の期待値や動きがなければうまくいかない。それをどう作り出すかが非常に難しいのです。また、エンゲージメント向上の施策は大手企業を中心に広がってきましたが、投資余力の小さい中小企業では難しいと言われることも多く、そこにも課題を感じていました。

試行錯誤する中でたどり着いたのが従業員体験という概念です。ＥＸに目を向けることで、より効果的にエンゲージメントの向上を促すことができるという手応えがありました。また、他社の支援や自社での実践を通して、企業の規模を問わず、それぞれに合ったＥＸ向上の取り組みが可能であることも実感しています。こうして得られた学びを多くの人に知ってもらいたいと考え、本書を執筆しました。

共著者の松林さんはグロービス経営大学院の講師としても活動しており、専門領域であるサービス・マーケティング（体験価値がきわめて重要な分野）の研究に加え、エンゲージメントやＥＸについての国内外の研究に注目してこられた方です。本書ではこうした著者二人の実践と理論的研究の両方の経験を活かし、できるだけ実践的で、できるだけ普遍的に参考にしていただける内容を目指しています。

第１章では、ＥＸが重要になっている背景として現在マネジメントを取り巻く環境がどのように変わっているのか、またＥＸ向上に取り組むことでどのような効果が期待できるのかを見ていきます。

第２章～第４章では、優れたＥＸを生み出す上で鍵となる「期待値調整」「個別化」「時間軸」の３つについて、考え方と具体的なアクションを解説します。

第５章では著者らが関わってきたＥＸデザインの実践事例を、応用のヒントとともにお伝えします。最後の第６章では企業が優れたＥＸの提供を追求することで働く人と組織の未来がどのようなものになり得るのかをお話しします。

人材枯渇時代とも言われる時代に突入し、未来を見据えると、極端な表現にはなりますが、「お金を払ってでもその会社で働きたい」と思われるくらいの会社でないと、人が集まってこない時代が来ると思っています。各種テクノロジーで作業が代替される中で、優秀な人材を獲得して活躍してもらうためにも、本質的に魅力ある体験ができる企業づくりに取り組んでいただきたいと思います。

そもそも「体験」のとらえ方や意味合いは人によって異なるものです。そのため望ましいEXのあり方は、組織によっても個人によっても多様に考えられます。これさえやれば大丈夫、という絶対的な正解はありません。しかし、それぞれの会社・職場に適したEXを生み出す上で役立つ視点や手法は、ある程度はっきりと見えてきています。これからお伝えする内容を手がかりに、みなさんそれぞれの会社・職場に合ったEXを創意工夫して生み出していただけたらと思います。

本書がよりよい会社づくりを目指して日々尽力されている多くの方のご参考になれば幸いです。

株式会社NEWONE 代表取締役社長　上林 周平

第1章 EXが組織を変える

第2章 期待値を合わせる

この会社ではどんな体験ができるのか

第3章 個別化して考える

内的ダイバーシティをどう活かすか

第4章

時間軸を意識する

組織で働くという「旅」をどう演出するか

第5章 EXデザインの実践事例と応用のヒント

第6章 「参加できる組織」の時代

第1章
EXが組織を変える

期待や昇進が逆効果を生むことも…職場のマネジメントが難しさを増している

ここ数年、組織のマネジメントが「以前よりも難しくなった」という声をよく聞きます。組織づくりやマネジメントはもともと簡単なものではありませんが、筆者らの会社にご相談いただく方々を見ても、これまで以上に難しさを感じている人が増えている印象です。

それをイメージしていただくために、ひとつ架空のお話をしてみましょう。

ある会社に、現場の営業スタッフとして日々クライアントを訪問し、優れた営業成績を上げてたびたび表彰を受けていた若手社員Aさんがいます。上司も人事担当者も期待をかけ、あるときグループリーダーに抜擢。Aさんは10人のチームメンバーを束ねてより大きなプロジェクトに取り組むことになりました。Aさんは奮起し、大きなやりがいと「この仕事を通じて自分はさらに成長していける」という期待を持って仕事に取り組み、見事にやり遂げました。この仕事はＡさんにとってキャリアを大きく前進させる貴重な体験となったのです。

……これは人事やマネジメントに携わる方にとって理想的なお話かもしれませんが、現実は必ずしもこのようにはいきません。

Ａさんと同じ境遇にいた若手社員Ｂさんがいたとします。同様に期待をかけられ、グループリーダーに抜擢されましたが、Ａさんとは異なり、Ｂさんはそれを自分にとって貴重な機会と理解しつつも、大きなプレッシャーを感じて不安でいっぱいになりました。リーダーとして自信が持てず、そのためもあってかチーム内の連携がうまくいかず、プロジェクトは暗礁に乗り上げてしまいます。自己否定的な感情にとらわれてしまったＢさんは、やがて離職することになりました。グループリーダーへの抜擢は、Ｂさんにとってキャリアを暗転させる残念な体験となったのです。

いかがでしょうか。これは架空の話ですが、程度の差はあれ、このような事例はあちこちで起きているのではないかと思います。

近年、「出世したくない」人が増えていると言われています。2022年に「転職サイト比較plus」（運営：東晶貿易株式会社）が全国の20代の人々を対象に行った調査では、「将来、役職者になりたい」と考えているのは22％にとどまり、77％が否定的な回答を示しています(1)（図1・1）。これにはさまざまな理由があり得ます。調査では「責任のある仕事をしたくない」「プライベートを大事にしたい」といった理由が多く挙げられていますが、キャリアについての知識・理解の不足や、直属の上司が魅力的でないという要因もあるかもしれません。

いずれにしても、「出世する」という、かつては当たり前に（おそらく）喜ばれていたことが、そうとは限らない、それどころか若者の7割以上が消極的にとらえているというのは、驚くべきことではないでしょうか。

意識していただきたいのは、マネジメント側の社員に対する期待は、社員個人の仕事への期待や希望とは必ずしも一致しない、ということです。そのズレが過大になるとBさんのような事態も起こり得ます。

昇進に限った話ではありません。筆者（上林）の会社ではコロナ禍の前、社員旅行としてみんなで海外に行ったことがありました。会社負担で4日間の海外旅行ができたのですから、メンバーにとって嬉しい体験になったに違いないと思いました。が、後で聞いてみ

図 1.1　20 代の「出世」に対する考え

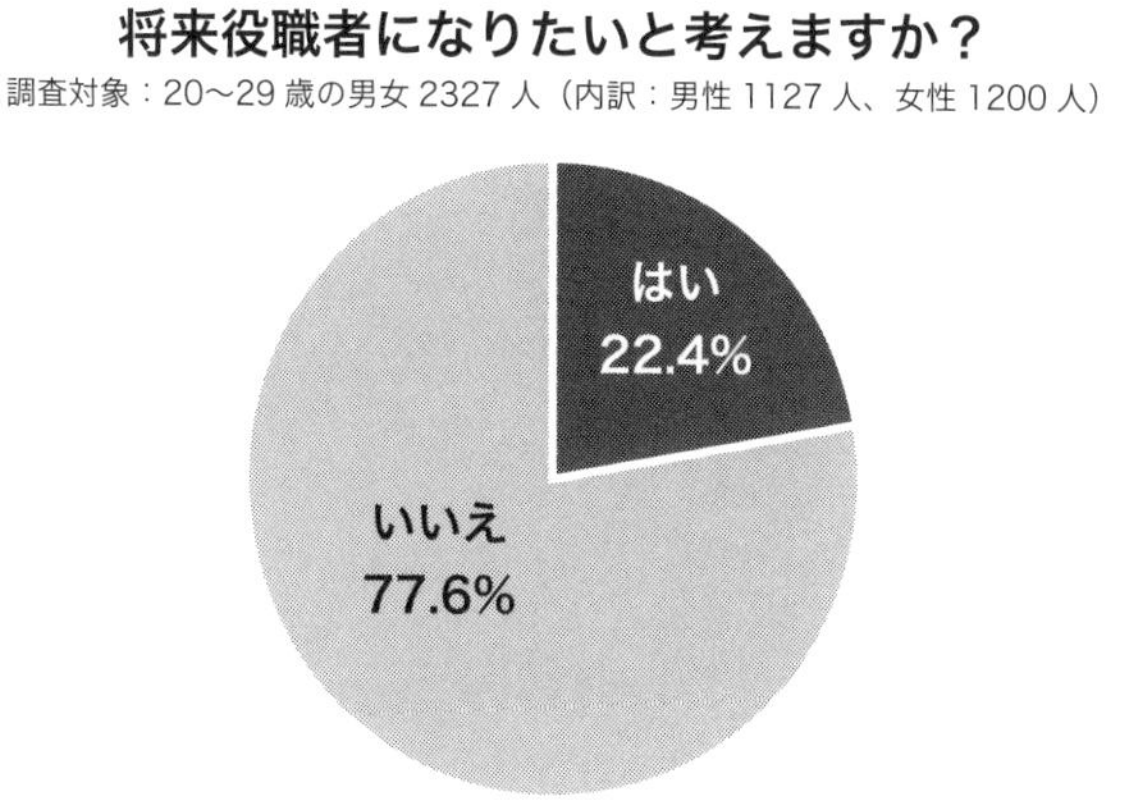

出所：東晶貿易（転職サイト比較 plus）2022 年 6 月 16 日プレスリリース「出世欲のない 20 代は 77% ！出世したくない理由は『責任のある仕事をしたくない』がトップでワークライフバランスを重視する若者が増加傾向に」をもとに筆者作成

ると、楽しかったと喜んでくれた人がいる一方で、「もう行きたくない」という人もいました。プライベートの趣味を大事にする人は、「会社の人たちと4日間も昼夜一緒に過ごすのは避けたい」と思っていたのかもしれません。企画した身としては残念でしたが、誰もが社員旅行や海外旅行に行きたがるわけではないのだと思い知らされました。

「社員のため」「チームのため」にマネジメント側が行う施策が、当の社員から歓迎されない。そういうことは案外よくあるのではないでしょうか。

多様化、世代間ギャップ、リモート化。同質性前提のマネジメントはもう通用しない

職場のマネジメントが難しさを増している大きな理由として、職場の多様性が高まっていること、にもかかわらず同質性を前提にしたマネジメントスタイルが根強く残っていることが挙げられます。

日本企業では1990年代以降、徐々に雇用の流動化や働き方の多様化が進んできました。経済の長期低迷や不確実性の高まりの中で非正規雇用が増加したこと、転職が活発化したことが一因です。また2010年代からは、少子高齢化による人手不足を背景に、女性活躍推進、シニア活躍推進などの動きも広がりました。

その結果、いつの間にか職場は多様なメンバーが集まる場となりました。内閣府による調査では、女性正社員、女性管理職、中途・経験者採用、外国人、限定正社員、65歳以上、障害者のすべてのカテゴリーにおいて、直近5年間で雇用者数が増加した企業が多いこと

図 1.2 属性別に見た雇用者数増加の傾向

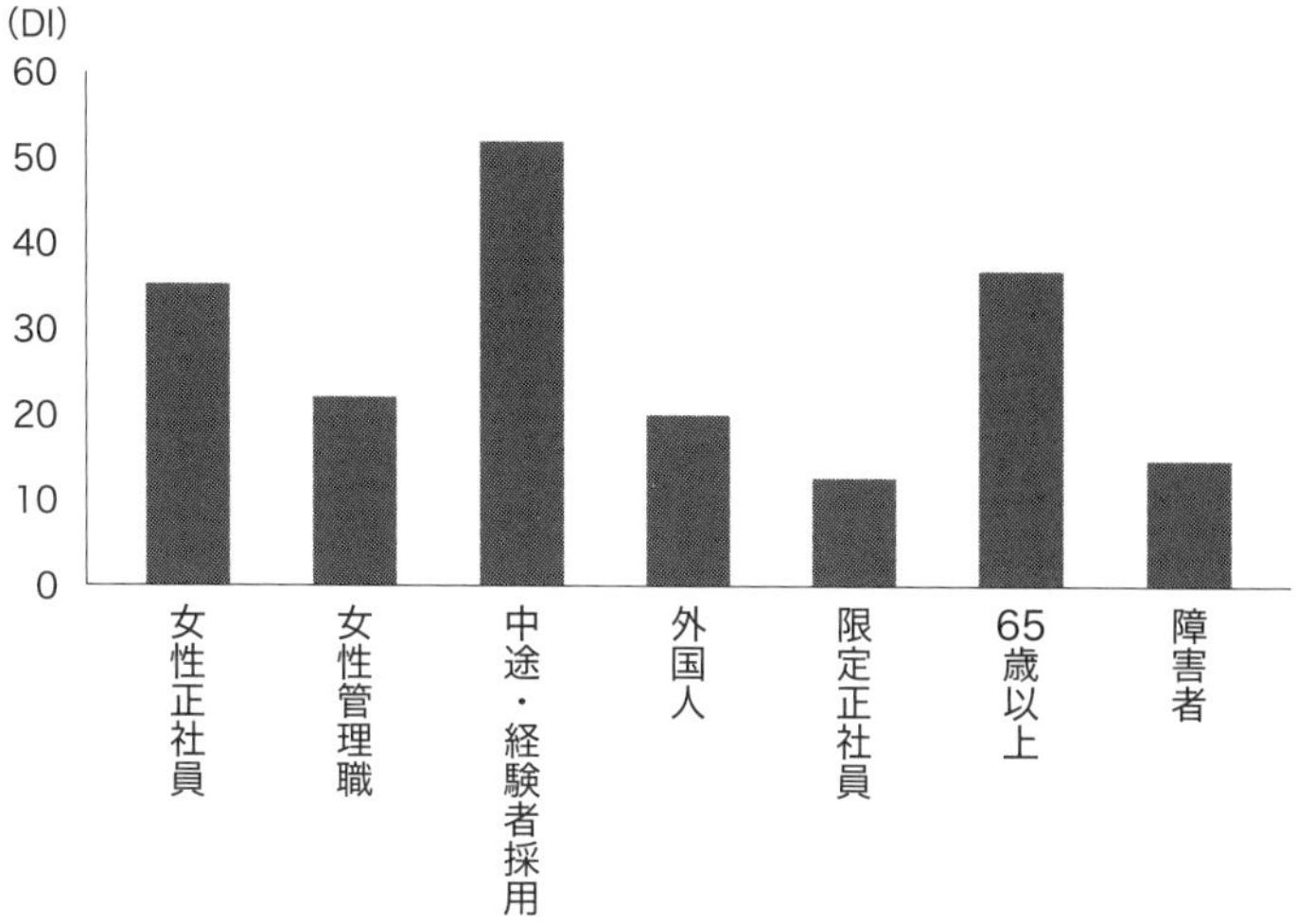

出所：内閣府『令和元年度　年次経済財政報告』

が示唆されています[2]（図1・2）。

全員が新卒入社で、同じような属性で、同じような経験を持ち、同じように育成されたメンバーだけで仕事をしていた時代とは異なります。中途採用で入社した人、契約形態の異なる人、シニア、外国人など、多様なメンバーがいる中で組織・チームをうまく動かしていくマネジメントが求められるようになってきたのです。

そんな中、大きな負荷がかかっているのが現場のマネジャーたちです。どうすれば、スキルも経験も価値観もまったく異なる多様なメンバー一人ひとりをケアし、支援や動機づけを行いながらチームを前に進め、成果を上げていくことができるのか。現場のマネジャーたちにとってはそれが大きな課題となっています。

しかし、残念ながら、多くの企業の職場のマネジメントスタイルは、大半の社員が新卒入社の男性正社員で構成されていた時代から、ほとんどアップデートされていません。マネジャー層の多くを占める40代、50代は、終身雇用や長時間労働が当たり前の時代を生きた上司から、「ノルマを達成するまで帰るな」などと熱血指導を受けて育ってきた世代。自らもマネジメントらしいマネジメントを受けてこなかった現在のマネジャーたちが、多様なチームメンバーをどうマネジメントすればいいのか悩むのは当然のことでしょう。

特に若手社員との「世代間ギャップ」に悩むマネジャーは多いようです。

仕事や会社についての若年層の価値観や意識は、中高年層とは大きく異なってきており、その背景には雇用の流動化があります。人材確保が難しくなる中、年次の若い育成途中の社員の転職は活発で、2020年大学卒の入社3年退職率は32・3％となっています(3)。若手社員にとって、働きやすい職場、活躍できる職場を求めて転職することへのハードルはかなり下がっており、新卒採用の面接などでは、堂々と「ファーストキャリアは御社です」と口にする就活生も少なくありません。

そうした若手に対して中高年のマネジャーが、自身が育てられたように長い下積みの仕事を課していては、３日でセカンドキャリアに移ってしまうかもしれません。昔よく言われた「飛び込み営業で名刺を１００枚もらってこい」「新人は朝一番早く出社しろ」「飲み会の余興も若手の仕事だ」などといった「指導」は、もはやパワハラにもなり得ます。

マネジャーたちは、大切な若手社員が辞めてしまわないよう気を遣いながら、活躍してもらえるよう育成を図る、という難しい舵取りを迫られています。

マネジャーが気を遣う対象は若手社員だけではありません。「ライフシフト」や「人生１００年時代」などと言われるようになり、自身のライフステージに合わせてキャリアチェンジを図るという考え方は、いまや世代を問わず広がっています。また政府も唱導するかたちで「リスキリング」「学び直し」の必要性が叫ばれ、副業を解禁する動きも広がってきました。マネジャーは、いま業務の柱を担っている中堅社員も十分にケアし、モチベーションを保てるようにしておく必要があります。

メンタルヘルスの問題やライフイベントに伴う休職や離職に対するリスク管理もしておかなければならない中で、ますます細やかな気遣いが求められる難しいマネジメント環境になっているのです。

徐々に進行していた職場のチームマネジメント危機に追い打ちをかけたのが、２０１９年以降、コロナ禍で急速に普及したリモートワークです。

当初、感染拡大期に緊急避難的に始まったリモートワークでしたが、やがて通常の勤務形態の一つとして定着するようになり、コロナ禍が落ち着いた後も、多くの企業では日常的に使われています。

働く人にとってはさまざまな利点がある一方、リモートワークの普及によって多くのマネジャーがチームマネジメントの難しさに直面することになりました。業務上の連絡はオンラインでできていて仕事も回っているものの、メンバーの様子や考えていることがよく分からない、メンバー同士の交流機会が少ない、評価が難しい、チームや会社への帰属感が失われる、といった課題を抱える会社も少なくないようです。「会議でも全員カメラオフが基本となってしまい、メンバーの様子が分からない」「一度も会ったことのないメンバーをマネジメントしている」「出社してほしい、と頼みにくくなってしまった」など、マネジメントの難しさを訴えるマネジャーたちの声が聞こえてきます。

もちろん、さまざまな工夫を凝らすことでリモートでのチームマネジメントという難題を克服し、以前よりうまく回っている職場もあるでしょう。しかし、もともと従来型のマネジメントが限界にきていた中でリモートワークとなってしまった職場、リモートと出社の使い分けによってマネジメントがさらに難しくなっている職場、感染収束後に出社するかたちに戻したら従業員の不満が高まった職場があることもよく見聞きします。コロナ禍前とは明らかに変わってしまった環境の中、多くの職場がマネジメント危機に直面しているのです。

人手不足倒産が現実に……このままでは多くの企業が「人」から崩壊する

こうしたマネジメントの難しさは、人手不足が深刻さを増している環境と併せて考えると、まさに経営危機に直結しかねない問題です。

現在、日本社会では少子高齢化が進み、深刻な人手不足となっています。パーソル総合研究所と中央大学は、「労働市場の未来推計2030」の中で、2030年には労働需要に労働供給が追いつかず、644万人の人手不足になると推計しています[4]（図1・3）。2022年の労働力人口が約6900万人ですから、その10分の1ほどが不足するということです。

人手不足は、特に中小企業ではしばしば会社の存続にも関わる問題となります。実際、帝国データバンクの調査によれば、離職や採用難等により人手を確保できず業績が悪化したことが要因となって倒産した「人手不足倒産」の件数が急増しており、2023年度は

図 1.3 2030 年の労働需要・供給推計

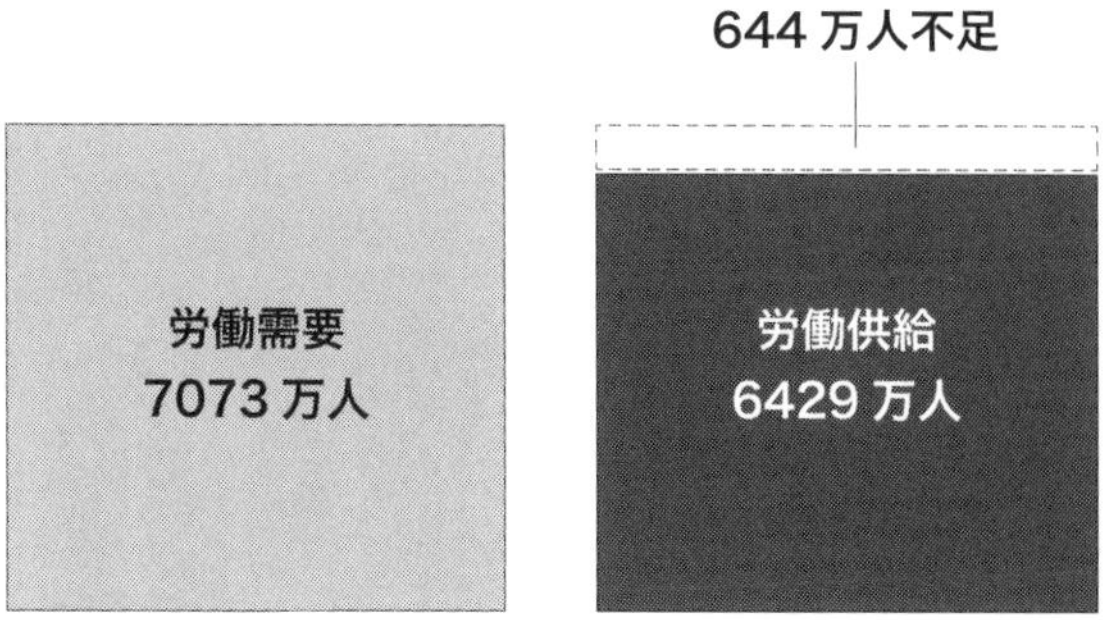

出所：パーソル総合研究所「労働市場の未来推計 2030」をもとに筆者作成

３１３件発生し、２０１３年の集計開始以来、過去最多となりました[5]（次頁図1・4）。

もちろん大企業にとっても他人事ではありません。有効求人倍率（就職希望者数に対する求人数の比率）の平均値は２０１４年以降、１・０を上回る状態が続いていますし[6]、リクルートワークス研究所の調べによると２０２４年の大卒求人倍率は平均１・７１倍の高水準[7]。いわゆる「売り手市場」であり、企業にとっては採用の難度が増しています。なかでも、建設業（13・74倍）や流通業（10・49倍）などの業種は倍率が高く、若手の人材を確保することが非常に難しくなっています。こうした傾向に危機感を覚えている人事担当者の方も多いことでしょう。

図 1.4　「人手不足倒産」の件数推移

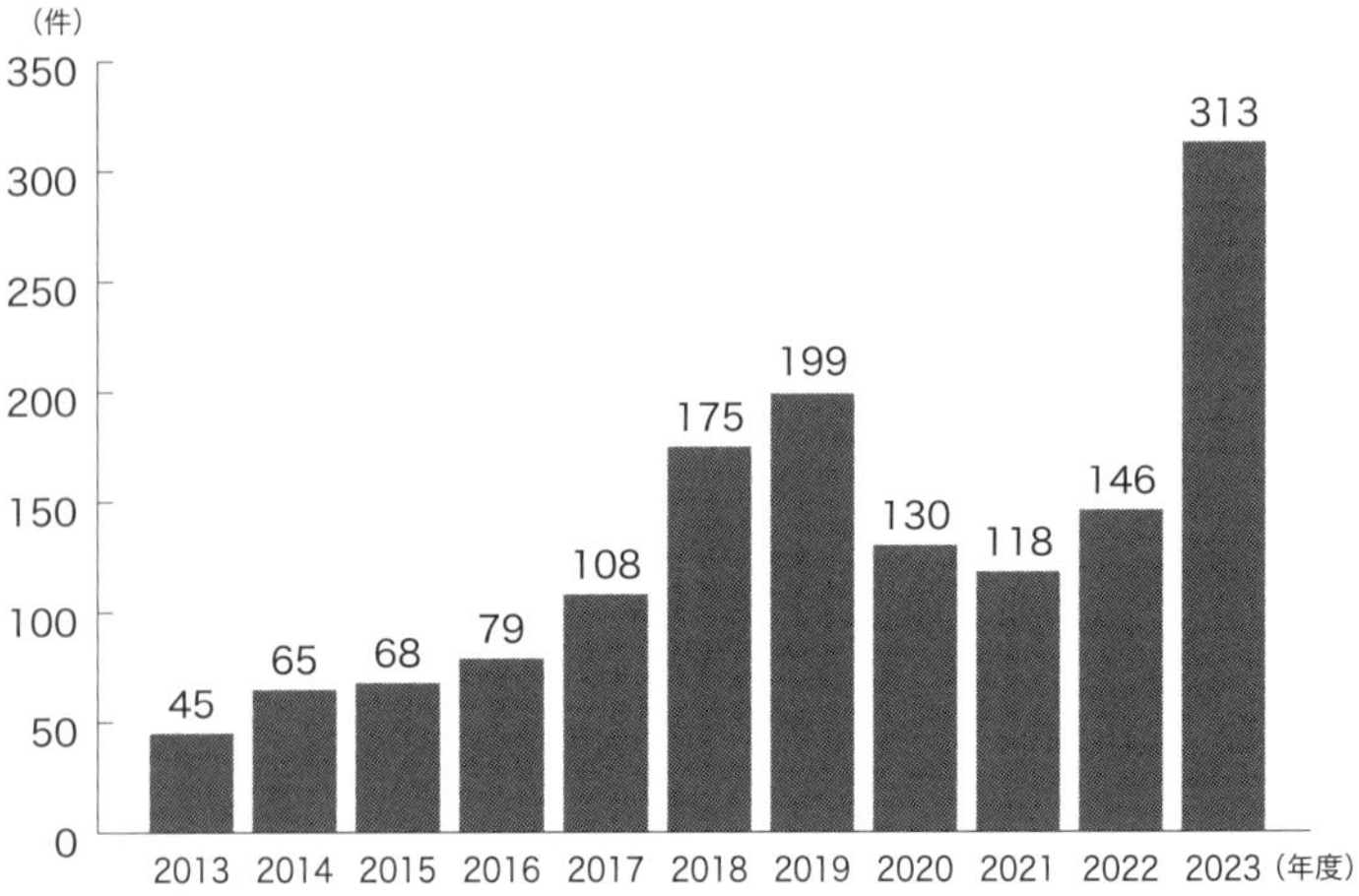

出所：帝国データバンク「人手不足倒産の動向調査（2023 年度）」をもとに筆者作成

また、近年需要が拡大しているＩＴ人材の不足も深刻化しています。これまでＩＴ人材採用の主体であったシステムインテグレーター企業（SIer）に加え、現在はあらゆる業界の企業がＤＸやデータ利活用、業務効率化等のためにスキルの高いエンジニアなどＩＴ人材の採用を強化しているためです。経済産業省の「ＩＴ人材需給に関する調査」というレポートによれば、２０３０年には最大で約79万人（高位シナリオ）ほどのＩＴ人材が不足すると試算されています。[8] ＩＴ人材を官民挙げて育成していく必要がありますが、いずれにしてもこうした趨勢の中、ＩＴ人材を十分に確保できない企業はＤ

Ｘの遅れなどから競争力を失うことになりかねません。

職場のマネジメントが難しさを増している中、多くの企業にとって人材の採用・定着がかつてないほど重要になってきているのです。

日本企業は「熱意ある社員」の比率が世界最低レベル

こうしたマネジメントの環境変化に、日本企業の多くは十分に対応できていないようです。それを象徴するものとして、日本企業のエンゲージメントが世界的に見てとても低いことが挙げられます。

「エンゲージメント」はビジネスの世界ではもともとマーケティング界で頻繁に使われてきた言葉です。企業や商品、ブランド等に対してユーザーが「愛着を持っている」状態を指します。わかりやすく言えば、企業とユーザーの「つながりの強さ」のことです。組織マネジメントの文脈で使われる「エンゲージメント」は、これを組織と従業員の関係に適用した概念です(9)。組織と従業員のつながりの強さや、組織に対する自発的な貢献意欲、主体的に仕事に取り組んでいる心理状態などを意味します(図1・5)。経済産業省の研究プロジェクト(伊藤邦雄一橋大学名誉教授が座長を務めた)の報告書として2020年に公表さ

図 1.5　エンゲージメントとは

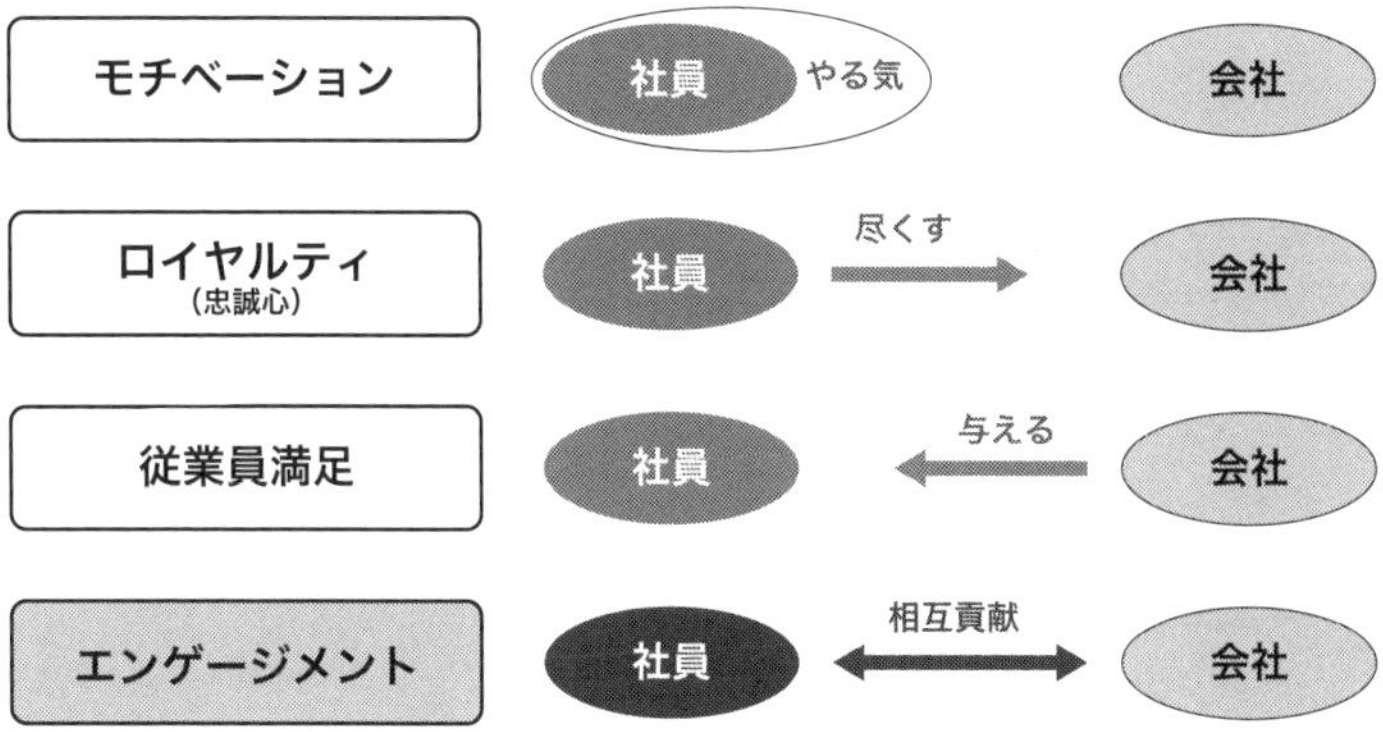

れた「人材版伊藤レポート」では、「従業員エンゲージメントとは、『企業が目指す姿や方向性を、従業員が理解・共感し、その達成に向けて自発的に貢献しようという意識を持っていること』を指す」と定義されています。

２０１７年、アメリカの調査会社ギャラップが行った調査で、日本では「熱意あふれる社員」（エンゲージメントの高い社員）の割合は全体の６％で、調査対象１３９カ国中１３２位だったことが話題になりました。一方で「やる気のない社員」は70％、「周囲に不満をまき散らしている無気力な社員」の割合は24％でした。その後、２０２２年の調査結果でも日本企業のエンゲージメントに改善の兆しは見られていません。[10]また、2022年のパーソル総合研究所の調査では、「現在の勤務先で継続して働きたい」と考える人の割合が、56・0%と、世界18か国・地域の中で最下位でした。[11]日本人は勤勉で組織への忠誠心も強いというイメージがあったように思いますが、少なくともこうした調査からは大きく異なる傾向が見て取れます。あまりの低さに驚かれる人も多いのではないでしょうか。

人材の採用・定着が非常に重要で、かつ難しい課題であるにもかかわらず、従業員を引き付ける力は乏しい。多くの日本企業がそんな状態にあるのです。きわめて深刻な状況と言わざるを得ません。

「働きやすいが、働きがいがない」会社が増えている？

なぜ日本企業では従業員のエンゲージメントが低いのでしょうか。長時間労働や上意下達型で服従を強いる組織文化をはじめ、さまざまな要因が指摘されていますが、働きやすい職場環境を整え、労働時間を短くすれば改善するというわけでもなさそうです。

長時間労働の是正や非正規労働者の処遇改善、柔軟な働き方の推進などを目的として、２０１０年代から政府主導で「働き方改革」が叫ばれてきました。その結果として労働環境が改善した例も多々あるとは思います。しかし一方で、「働きやすさ」は向上しているものの「働きがい」はない、という問題も生じています。社員口コミサイト「オープンワーク」の情報をもとにクレジット・プライシング・コーポレーションが作成した指数によれば、日本企業の「働きやすさ」のスコアは近年着実に上がってきた一方で、「働きがい」のスコアは２０１２年5月を１００とすると10年後の２０２２年5月には88・５まで低下しています[12]。

長時間労働が当たり前、給料は低い、職場環境は劣悪、離職率が高い、といった職場は「ブラック企業」と呼ばれますが、近年「ゆるブラック企業」という言葉も見聞きするようになりました。

「ゆるブラック」とは、長時間労働の是正やリモートワーク導入など、「働きやすさ」に関しては制度が整っていて「ゆるい」ものの、ハードワークがない、スキルが身につかない、成長実感がないなど、「働きがいのなさ」によってネガティブに感じられる企業を指します。

リクルートマネジメントソリューションズが実施した2023年の新入社員意識調査では、仕事をする上で重視したいこととして「成長」「貢献」「やりがい」が多く挙げられました[13]（図1・6）。

回答者は2000年代生まれの、いわゆる「Z世代」の人々が多いと考えられます。この世代は親が経済不況を経験し、金銭面では保守的・安定志向という傾向が見られます。またインターネットが普及してから育った世代であるため、子どもの頃から大人と同等の情報に触れ、国内外の社会問題にも比較的関心が高いとされます。そうした背景もあってか、仕事で「意味、価値のあることをしたい」という志向が見られます。

図 1.6 新入社員が仕事をする上で重視したいこと

キーワード	内容	回答率（%）
成長	自分が成長できる	28.8
貢献	人や社会の役に立つ、感謝される	26.7
やりがい	やることの意味や意義が強く感じられる	20.8
影響	世の中に影響を与える、多くの人を動かす	20.1
創造	新たな価値を生み出す、ゼロから創り上げる	15.1
責任	責任を果たす、役割を果たす	13.8
仲間	仲間と支え合う、皆で一体となって強く取り組む	13.0
専門性	専門性を深める、第一人者になる	12.9
達成	目標を達成する	9.8
金銭	より多くの報酬を得る	9.7
ビジョン	自分のビジョンや夢を実現する	9.3
仕事以外	プライベートの充実をはかる、仕事以外の楽しみを持つ	9.2
承認	人から認められる	8.4
競争	競争に勝つ、No.1 になる	2.4
その他	-	0.1

（n=1,520／2 つまで複数選択）

出所：リクルートマネジメントソリューションズ「新入社員意識調査 2023」をもとに筆者作成

また、これは日本に限らず、経済が成熟して一定の経済的豊かさがある社会において広く見られる傾向のようです。10年以上前にダニエル・ピンクは、『モチベーション3・0――持続する「やる気!」をいかに引き出すか』（講談社、2010年）で、人が生存のために一生懸命に働いた時代、成果主義のようにアメとムチ（信賞必罰）によって管理・統制された時代を経て、現代は自己の内面からわいてくる意欲、すなわち「内発的動機」が重要になっていると説き、アメリカを中心に大きな話題となりました。内的な充実が重要性を増しているのは普遍的なトレンドと言えるでしょう。

このように仕事にやりがいを求める若者世代は、「ゆるブラック」な会社を敬遠するのは当然です。この状態を放置すれば早期離職の一因ともなりかねません。「ゆるブラック」とされる企業の中には、働き方改革やダイバーシティを積極的に進めてきた大企業も少なくないといいます。しかし、「働きやすさ」を重視したさまざまな施策が行われてきた一方で、「働きがい」を高めるための施策は十分に行われてこなかったのではないでしょうか。「ゆるブラック」という言葉の広がりは、そんな問題があることを示唆しているように思います。

組織改善の鍵は「従業員体験（ＥＸ）」…体験価値の時代の職場に求められるもの

　このように、多様化、雇用の流動化、リモート化、人不足といった環境が組織マネジメントをかつてなく難しいものにしている今日、重要性を増しているのが、従業員が仕事の中で得る体験価値、すなわち従業員体験（エンプロイーエクスペリエンス、ＥＸ）です。

　体験価値とは「商品やサービスを利用する際に得られる物質的な価値以外の感情や経験的な価値」のことです。一般に、顧客にとっての体験価値、カスタマーエクスペリエンス（ＣＸ）の文脈で語られることが多い概念です。

　たとえば、スターバックスが大勢の利用者を引き付けるのは、コーヒー飲料の物質的な価値だけではなく、落ち着いた店内の雰囲気や親しみのある接客など、そこで得られる体験の価値が認知され評価されているからです。逆に、店内が騒がしくて汚く、接客も無愛想、といった劣悪な体験をさせられるカフェだと、いかに美味しいコーヒーが飲めてもお客さんは離れていくでしょう。

会社や仕事についても、同じことが言えます。従業員体験において「物質的な価値」に該当するのは主に給与でしょう。働くことでお金が得られる。これが仕事から得られる基本的な価値です。そして、それ以外の「感情や経験的な価値」である体験価値としては、仕事のなかで得られる達成感、充実感、やりがい、成長の実感、貢献の実感、上司や同僚との信頼関係、職場の雰囲気などが挙げられます。

本書では、従業員体験とは、「**企業や組織に所属する従業員が、仕事や職場において得る経験や感情のこと**」と定義します（図1・7）。

カスタマーエクスペリエンスの向上が商品・サービスのリピート購入や継続利用につながるように、従業員体験を充実させることは、エンゲージメントの向上に直結します。仕事への意欲を高め、組織への定着を促し、また人材を採用する上でも非常に大きな影響をもたらすと考えられます。

組織の未来は、メンバーにどのような従業員体験を提供できるかによって大きく変わる。筆者らはそう考えています。

エンプロイーエクスペリエンスという概念は、優れた組織づくりを志向する企業の間で導入が広がってきています。代表的な例が民泊プラットフォーム企業のエアビーアンド

図 1.7　従業員体験（EX）とは

従業員体験とは、

企業や組織に所属する従業員が、
仕事や職場において得る経験や感情のこと

仕事のやりがいや充実感、自己実現や成長の機会、
職場環境や雰囲気、上司や同僚との関係などが含まれる

▼

意欲やモチベーションが高まり、生産性や効率性が向上する
自己実現や成長の機会を得ることで、組織により貢献する
企業文化やブランドイメージの向上につながる

ビー（Airbnb）です。そもそもエンプロイーエクスペリエンスという言葉を最初に提唱したのが同社の元人事責任者マーク・レヴィと言われています。彼はHead of Employee Experienceとして働きやすさや生産性を高める職場づくりに尽力し、同社はglassdoorの「社員が選ぶ企業ランキング」で第1位になりました。

　また、デジタルソフトの世界最大手アドビ（Adobe）も、人事部門をエンプロイーエクスペリエンス部門に改称し、アメリカでは未整備であることの多い産前産後休暇の導入をはじめ、従業員の体験価値の向上に取り組んでいます。その他にもスターバックスやユニリーバなど世界的な先進企業がＥＸ向上を重要な課題ととらえて取り組んでいます。

ＥＸが上がれば業績も上がる？
サービスマネジメント研究から言えること

従業員体験が充実することが仕事への意欲の向上や組織への定着につながることは直感的に理解しやすいと思いますが、企業の業績には関係があるのか、疑問に思われる方もいるかもしれません。

それを考える上で、サービスマネジメントの分野の知見が参考になります。あらゆる分野でサービス産業化が進んでいる今日、サービスマネジメントの分野で研究されてきたことは、いわゆるサービス業以外の業種にも活かせるところが多々あります。これまで主流であったマネジメントの考え方の多くは工業化の過程で形成されたものであり（代表的なものとして「科学的管理法」があります）、それがサービス産業化という環境変化の中で適応不全になっているわけですが、一方で、サービスの世界で探究されてきたマネジメントのあり方が、他の業種にも適したもの、応用できるものになってきているのです。本書では

図 1.8 サービスプロフィットチェーン

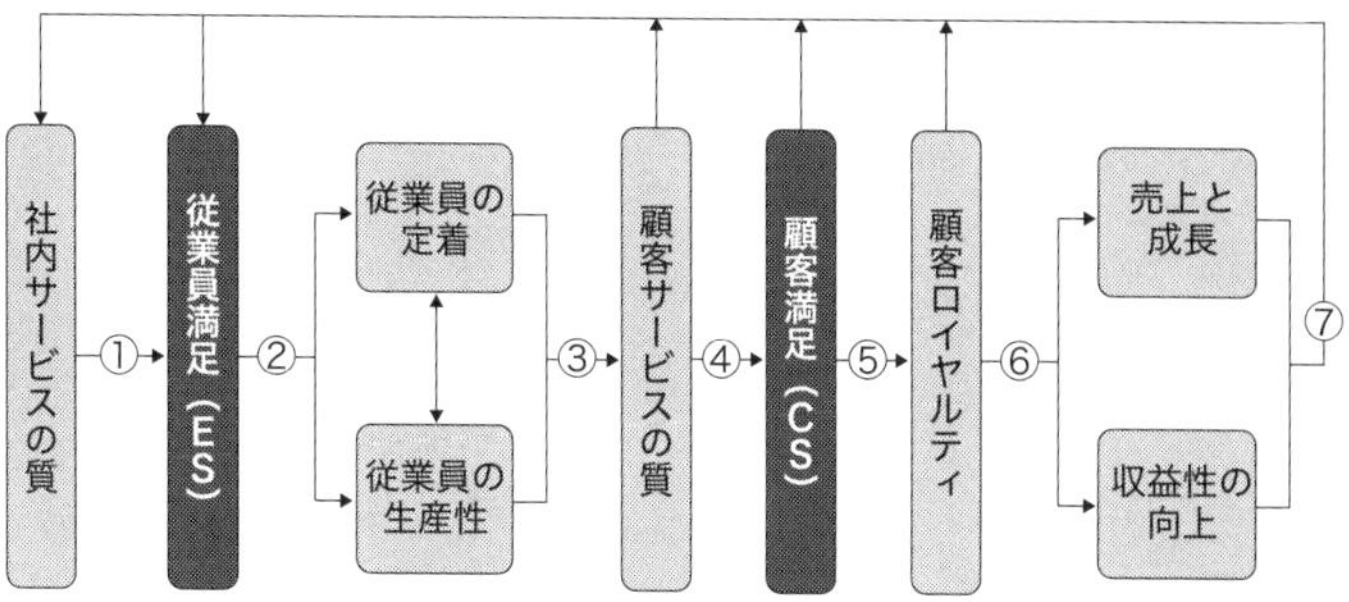

出所：Heskett, J. L., T. O. Jones, G. W. Loveman, W. Earl Sasser, and L. A. Schlesinger. "Putting the Service-Profit Chain to Work." *Harvard Business Review* 72, no. 2 (March–April 1994) をもとに筆者作成

こうした考えからサービスマネジメントの知見を随所に織り交ぜています。

図1・8は「サービスプロフィットチェーン（Service Profit Chain：ＳＰＣ）」というフレームワークです。従業員満足（Employee Satisfaction：ＥＳ）と顧客満足（Customer Satisfaction：ＣＳ）と企業の利益の関係性を示したもので、ハーバード・ビジネススクールのジェームズ・Ｌ・ヘスケット教授と、Ｗ・アール・サッサー教授らが１９９４年に提唱しました。著書『バリュー・プロフィット・チェーン――顧客・従業員満足を「利益」と連鎖させる』（山本昭二・小野譲司訳、日本経済新聞出版、２００４年）で

詳しく解説されています。

ＳＰＣは、企業の活動を７つの段階に分けてとらえ、それぞれが次の段階に作用することで好循環を生み出し、継続的な成長につながることを示しています。

①自社内のサービス品質向上により、従業員満足（ＥＳ）が高まる
②ＥＳ向上により従業員の貢献意欲や定着度、生産性が高まる
③従業員の意欲や生産性の向上により顧客へのサービス品質が高まる
④サービス品質の向上により顧客満足度が上がる
⑤顧客満足の向上により顧客ロイヤルティが高まる
⑥顧客ロイヤルティの高まりが企業の成長、収益の向上につながる
⑦収益向上により従業員の報酬や福利厚生が改善され、自社内のサービス品質が高まる

つまり、従業員満足を高めることが顧客満足の向上につながり、結果として収益の向上をもたらすということです。従業員満足が高まるような従業員体験を提供することができれば、それは企業の業績にもプラスになるのです。

重要なのは、図の左側があってこそ右側が継続的に高まることです。企業が収益拡大を

短期的に考えると、ＳＰＣの右側に位置する、顧客満足やロイヤルティの向上ばかりに注力してしまいがちです。しかし継続的に業績を上げていくためには、その前段階となる従業員満足度の向上や生産性の向上を図らなければなりません。

「お客様第一」を掲げて優れたサービスを提供しているものの、従業員の身体的・精神的負荷が大きくて満足度が低く、離職率が高い、といった企業では持続的な成長は困難です。接客業・飲食業などのサービス業には「ブラック企業」が多いと言われることがありますが、会社がＳＰＣの左側をおろそかにして右側ばかりを追求すると、そういう状態に陥ってしまいます。

なお、ＳＰＣにおいて従業員満足と顧客満足をバランスよく向上させる鍵は、真ん中にある「顧客サービスの質」の基準となる「サービスコンセプト」をしっかりと定義することです。これは従業員体験の高め方を考える上でも鍵になるため、後の章でも参照します。

形ばかりの「人的資本経営」ではなく、現場のリアルな体験を考えよう

近年、これからの経営の方向性として「人的資本経営」が叫ばれるようになりました。人的資本経営とは、経済産業省の定義によれば、「人材を『資本』としてとらえ、その価値を最大限に引き出すことで、中長期的な企業価値向上につなげる経営のあり方」です。

これだけではよくわからないので、2020年に経済産業省が公表した「持続的な企業価値の向上と人的資本に関する研究会　報告書」（通称・人材版伊藤レポート）を見てみましょう。ここでは、企業の競争力の源泉が人材となっている中、人材マネジメントの目的を「人的資源・管理」から「人的資本・価値創造」に変えることが重要と論じられています。どういう違いがあるのか、同レポートから少し引用します。

・人材は、これまで「人的資源（Human Resource）」と捉えられることが多い。この表

現は、「既に持っているものを使う、今あるものを消費する」ということを含意する。このため、「人的資源」という捉え方を出発点とすれば、マネジメントの方向性も、「いかにその使用・消費を管理するか」という考え方となり、人材に投じる資金も「費用（コスト）」として捉えられることとなる。

・しかし、人材は、教育や研修、また日々の業務等を通じて、成長し価値創造の担い手となる。また、企業が目を配るべき対象は、現在所属している人材だけではない。事業環境の変化、経営戦略の転換に伴い、必要な人材を外部から登用・確保することも当然ありうる。

・このため、人材を「人的資本（Human Capital）」として捉え、「状況に応じて必要な人的資本を確保する」という考え方へと転換する必要がある。こうした捉え方の下では、マネジメントの方向性も「管理」から人材の成長を通じた「価値創造」へと変わり、人材に投じる資金は価値創造に向けた「投資」となる。

人材を画一的なもの・固定的なものととらえるのではなく、個別的なもの・成長するものととらえ、個々の強みを引き出し、活かそうとする考え方と言えるでしょう（図１・９）。

企業の競争力の源泉は人材だという認識のもと、上場企業に対して、財務諸表に載らない人的資本に関する情報の開示を求める機運が世界的に高まってきました。米国の証券取引委員会（SEC）は2021年に公表した年次規制アジェンダにおいて、「社員や取締役の多様性」を含む人的資本に関する開示を重要なテーマとして挙げています。日本でも2021年に改訂されたコーポレートガバナンス・コードにおいて、人的資本に関する記述が追加されました。たとえば、以下のことが盛り込まれています。

・企業の中核人材における多様性の確保に向けて、管理職における多様性の確保（女性・外国人・中途採用者の登用）についての考え方と測定可能な自主目標を設定すべきであること
・中長期的な企業価値の向上に向けた人材戦略の重要性に鑑み、多様性の確保に向けた人材育成方針・社内環境整備方針をその実施状況と併せて開示すべきであること
・サステナビリティを巡る課題への取り組みとして、人的資本等への投資等について、自社の経営戦略・経営課題との整合性を意識しつつ分かりやすく具体的に情報を開示・提供すべきであること

図1.9　人的資源と人的資本

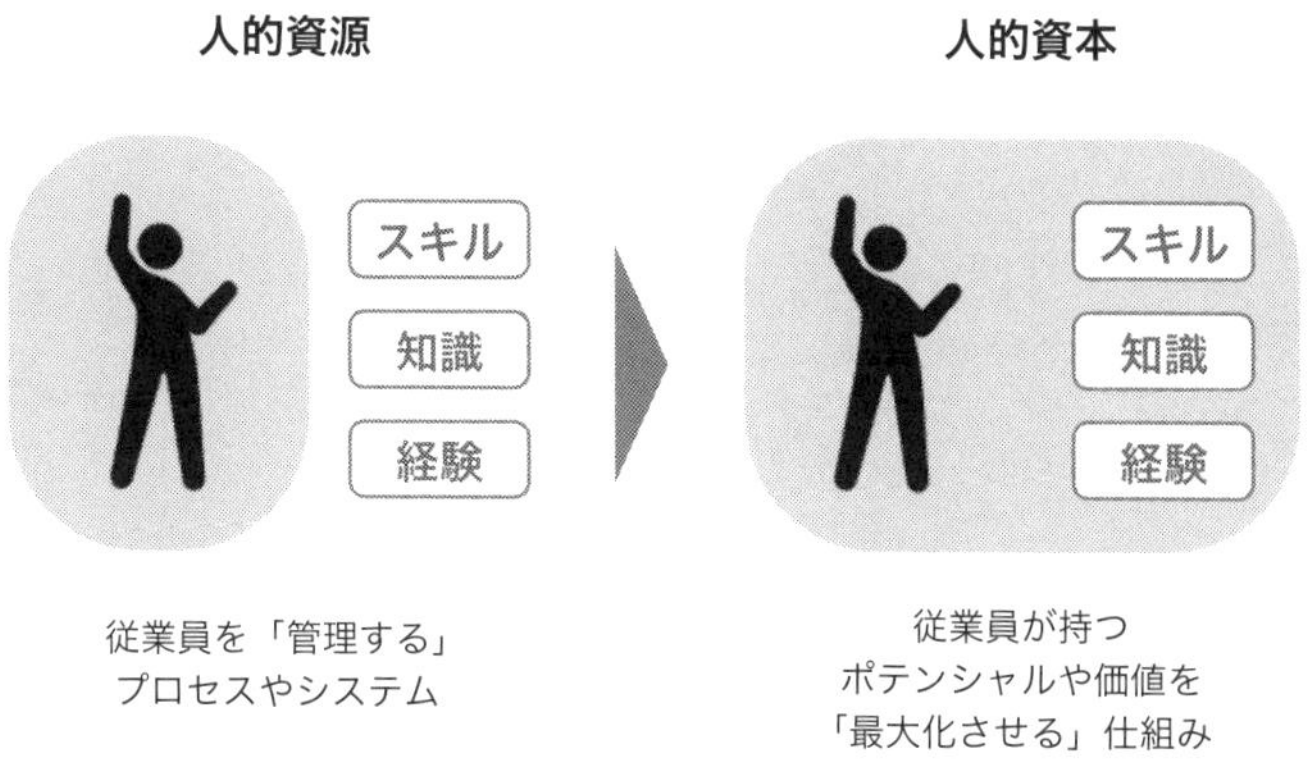

もっとも、こうした人的資本情報の開示が進むのは有意義である一方、人的資本経営を目指す取り組みが単なる情報開示だけにとどまってしまうことも危惧されています。離職率や女性管理職比率などの情報を開示する動きは増えてきましたが、「個々の人材の強みを最大限に活かす」という視点での取り組みはまだ足りていないように思います。

そもそも人を「資源」ではなく「資本」としてとらえる、といった人的資本経営の考え自体が抽象的で、現場のマネジメントにつなげていくのが難しい面もあるでしょう。必要なのは、個々の価値を引き出し、活かすことにつながる具体的な施策であり、その鍵になるのが従業員体験のデザインだと筆者らは考えています。

中小企業こそEX向上に真剣に取り組もう

従業員体験の向上は多くの日本企業にとっての課題だと考えられますが、とりわけ急務となるのが中小企業でしょう。労働力不足が深刻さを増している中、中小企業の採用環境は大企業以上に厳しくなっているからです。

一般に、中小企業よりも大企業の方がブランド力もあり資金もあり、働く環境が整っている度合いも高いでしょう。そのため両者を比較するとどうしても大企業の方が従業員体験の質が高くなりがちだと思われます。豊かな体験を社員に提供しようとしても、大企業と同じレベルで行うことは難しいと感じる中小企業の経営者・マネジャーの方は多いでしょう。

しかし、だからこそ中小企業は従業員体験の向上に、より積極的に取り組まなければなりません。現在の環境下で何もしなければ、従業員のエンゲージメントは徐々に低下し、優れた人材が流出し、やがて業績に深刻なダメージが生じかねません。現に「人手不足倒産」が起こるほどの時代になっているのです。

後述しますが、中小企業には大企業に比べて不利な面もある一方で、従業員体験を高める上で有利にはたらく部分もあります。まず大切なのは、従業員体験の向上を重要な経営課題ととらえ、経営者がそれに取り組む意志を持つことです。

EX向上の3つの鍵――期待値・個別化・時間軸

ここまで見てきたように、マネジメントを取り巻く環境が大きく変わってきたなかで、これからの企業経営やチームマネジメントでは、仕事を通じて従業員が得られる体験、すなわち従業員体験に目を向け、それを経営・人事側が意図的にデザインしていくことが求められるようになっています。

こうした話をすると、福利厚生や社内行事を充実させるといったことを連想される方が少なからずいますが、そうしたことばかりではありません。むしろ社内行事が個々の社員にとってはネガティブな体験になる場合もありますし、「ゆるブラック」が象徴するように、働きやすさを重視した組織運営がかえって従業員体験を貧弱なものにしてしまう場合もあります。本質はそこにはないのです。

本書では、従業員体験を豊かにしていくためには、「期待値」「個別化」「時間軸」の3つの視点が重要だと考えます。

①期待値を合わせる……この組織でどんな体験ができるのか、従業員の持つ期待を適切に醸成し、期待値と現実のズレがないように従業員体験を設計する。

②個別化して考える……体験のとらえ方や意味合いは人によって異なるため、一人ひとりの価値観や資質、状況に合わせて従業員体験を設計する。

③時間軸を意識する……組織に入ってから辞めるまでの理想的なプロセスを描き、時機に合った従業員体験を設計する。

次の第２章～第４章で、それぞれについての考え方と実践上のポイントを解説していきます。

NOTE

（1）東晶貿易（転職サイト比較 Plus）２０２２年６月16日プレスリリース「出世欲のない20代は77％！出世したくない理由は『責任のある仕事をしたくない』がトップでワークライフバランスを重視する若者が増加傾向に」 https://prtimes.jp/main/html/rd/p/000000067.000005088.html

（2）内閣府『令和元年度　年次経済財政報告』第２章　労働市場の多様化とその課題　https://www5.cao.go.jp/j-j/wp/wp-je19/h02-01.html

（３）厚生労働省「新規学卒就職者の離職状況（令和２年３月卒業者）」https://www.mhlw.go.jp/stf/houdou/0000177553_00006.html
（４）パーソル総合研究所「労働市場の未来推計２０３０」https://rc.persol-group.co.jp/thinktank/spe/roudou2030/
（５）帝国データバンク「人手不足倒産の動向調査（２０２３年度）」https://www.tdb-di.com/2024/04/sp20240405.pdf
（６）労働政策研究・研修機構　https://www.jil.go.jp/kokunai/statistics/timeseries/html/g0301.html
（７）ワークス大卒求人倍率調査　https://www.works-i.com/research/works-report/item/230426_kyujin.pdf
（８）経済産業省「ＩＴ人材需給に関する調査」２０１９年　https://www.meti.go.jp/policy/it_policy/jinzai/houkokusyo.pdf
（９）従業員が組織に対して抱く帰属意識や貢献意欲を「従業員エンゲージメント」、個人が仕事に対して抱く意欲を「ワークエンゲージメント」と区別して用いることもある
（10）State of Global Workplace 2022 Report　https://www.gallup.com/workplace/349484/state-of-the-global-workplace-2022-report.aspx
（11）パーソル総合研究所「グローバル就業実態・成長意識調査（２０２２年）」https://rc.persol-group.co.jp/thinktank/data/global-2022.html
（12）「「働きがい」沈没　日本企業に迫る危機」日本経済新聞、２０２２年7月18日　https://www.nikkei.com/article/DGXZQOUC063AG0W2A600C2000000/
（13）株式会社リクルートマネジメントソリューションズ「新入社員意識調査２０２３」https://www.recruit-ms.co.jp/upd/newsrelease/2306291024_6707.pdf

第2章
期待値を合わせる
この会社ではどんな体験ができるのか

体験価値を大きく左右する「期待」

本章からは、優れた従業員体験（ＥＸ）を設計するための考え方や具体的な手法を解説していきます。

まず、ＥＸデザインの柱とも言うべき「期待値」の考え方について見ていきましょう。

就職した会社が、入ってみると外から見ていたときの印象とは違って驚いた、という経験をしたことはあるでしょうか。

レバレジーズ株式会社が２０２２年に新卒入社1年目の社会人３００人を対象に行った調査によれば、新入社員の4割が企業に対して入社前の印象とのネガティブなギャップを感じており、なかでも「仕事内容」については6割が「ギャップがあった」と回答しています（「非常にあった」「どちらかといえばあった」の合計）。（図2・1）

また、入社前にもっと知りたかったこととして挙げられたのは「実際の仕事内容」が最

図 2.1　企業に対する入社前後の印象の変化

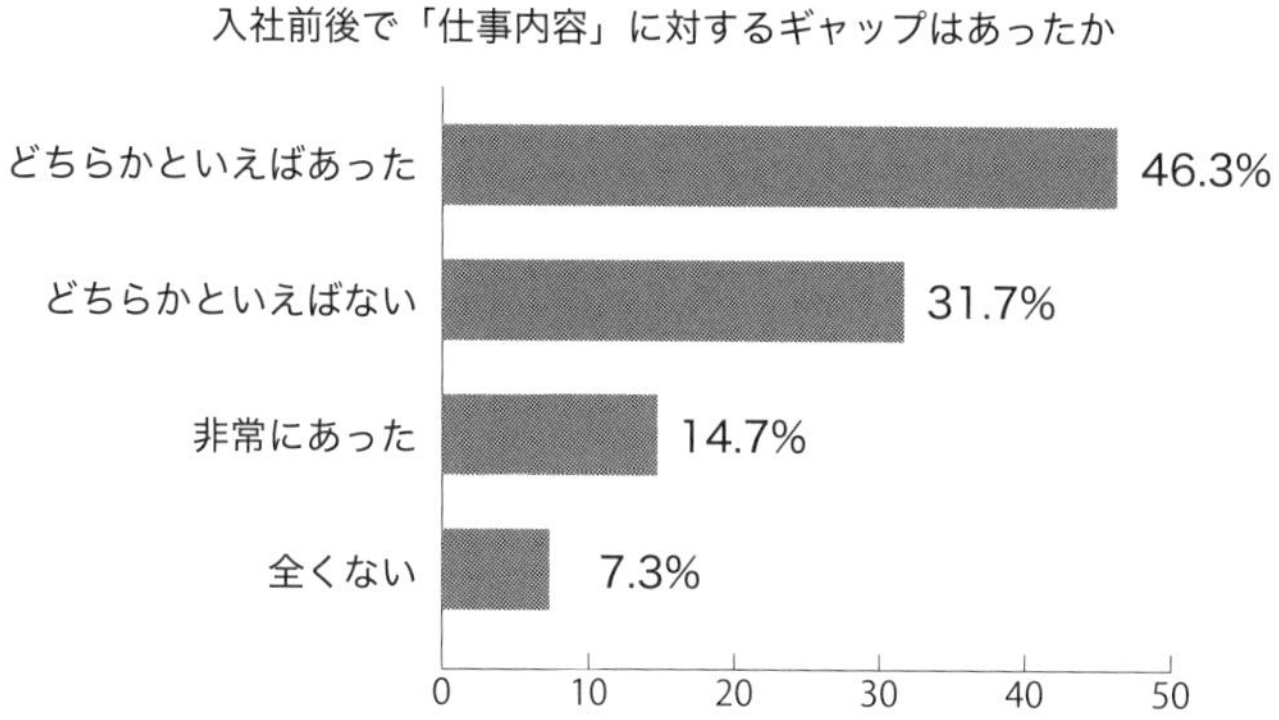

調査対象：2021 年卒の新入社員
回答者数：300 人

出所：キャリアチケット調査（レバレジーズ株式会社、2022 年 3 月 14 日リリース）

多で、「残業や休日出勤の実態」「給与水準や平均年収」などがそれに次いでいます[1]。

　こうしたギャップが生じるのは、入社前の説明・コミュニケーションが不足している、自社の魅力を誇張したPRが行われている、社員側での情報収集が足りていない、思い込み（過度な期待）など、さまざまな要因があり得ます。いずれにしても、入社前に期待していたものと仕事内容や働き方に大きなズレがあり、それがネガティブなものだった場合、不満や早期離職につながりやすいと考えられます。

　重要なのは、仕事内容や働き方や給与などの条件がどんなものであっても、期待と合っていれば問題にならないのに、期待と乖離していると問題になるということです。

たとえば、友人と食事に行ったお店で、おいしいパスタが出てきたとします。もしそれが安さを売りにしたお店であれば、「意外においしい」「コスパが良い」といったポジティブなとらえ方をするでしょう。しかし年1回の記念日に行くような高級感あるレストランだったら、たとえパスタ自体がまったく同じであっても、不満を抱くかもしれません。こうした体験価値の違いを生むのが「期待値」です。

当然ながら、実態が期待値を上回ればポジティブな感情につながり、下回ればネガティブな感情につながります（図2・2）。そのため採用時や配属の決定時、仕事にアサインする際などに、従業員が適切な期待を持てるように（実態と乖離した期待を持たれないように）、会社側・マネジメント側は注意してコミュニケーションを行う必要があります。

すでに見たように日本企業のエンゲージメントは諸外国の企業に比べて低いという調査結果がありますが、期待値のギャップはエンゲージメント低下の大きな理由になり得ます。逆にいえば、期待値を適切にコントロールできれば、従業員体験をよりよいものにし、エンゲージメントの向上を促すことができます。

図 2.2 期待値を調整する必要性

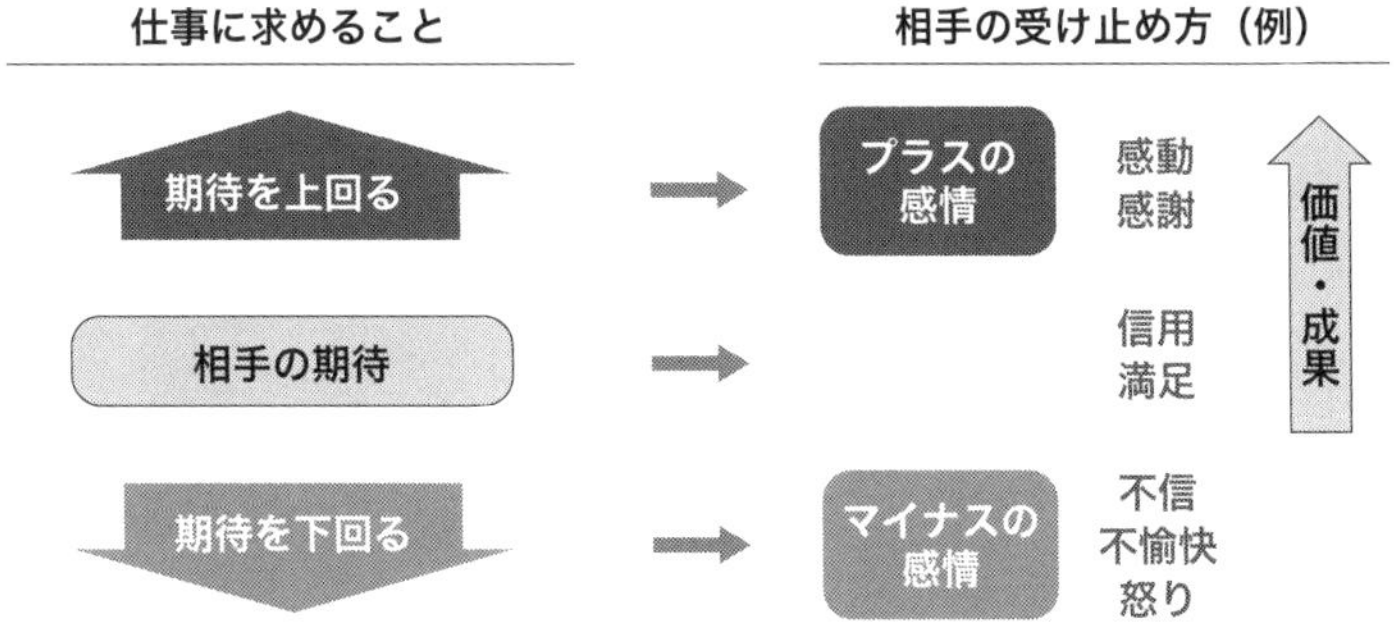

採用は特に注意が必要なポイントです。これまで多くの日本企業が行ってきた新卒一括採用では、採用の時点で配属が決まることは基本的にありません。新入社員は入社後や一定期間の研修を経た後に、自分がどの部署でどんな仕事をすることになるか知らされます。必然的に、期待値とのギャップが生じやすくなります。ギャップを防ぎ、適切な期待を持ってもらうためには、採用時や入社前の適切なコミュニケーションに加えて、採用活動のあり方自体も見直していく必要がありそうです。

「従業員体験を設計する」というと、体験の内容ばかりを意識しがちかもしれませんが、ある体験がどのような意味を持つか、どのような影響をもたらすかは、事前に醸成された期待によって左右されます。いわば、体験が生じる前からＥＸデザインは始まるのです。

労働環境は良いのに若手が辞める…「ゆるい職場」から考えること

第1章で、グループリーダーに抜擢されたことでさらに成長した人と、対照的にキャリアが暗転することになった人の話をしました。一見、好ましい体験のように見えても、ネガティブな影響をもたらす場合もあることには注意が必要です。組織と個人の間で期待値が合っていなければ、良い従業員体験にはなりません。

この象徴的な例として、昨今の大手企業の労働環境に対する若手社員の意識を挙げることができそうです。リクルートワークス研究所が行った「大手企業における若手育成状況調査報告書」によれば、大手企業に所属する新入社員の36%が、今の職場を「ゆるい」（負荷が高くなく、理不尽さもない。叱られず、居心地が良い）と感じているという調査結果が出ています。

いわゆる「ゆるい職場」は、よく言えば、労働環境が良い職場、働きやすい職場のようです。2010年代、過酷な労働環境を意味する「ブラック企業」が流行語大賞に選ばれたり、大手企業における若手社員の過労死・過労自殺が大きな話題になったりしました。そうした背景の中で、若者雇用促進法の制定（労働状況の積極的開示を義務付け）、残業時間の上限規制や有給休暇取得の義務化などの労働法令の見直し、パワハラ防止法の制定など法的整備が進展。労働をとりまく法的・社会的規範が変化するにつれて、「ゆるい職場」が広がってきました。

言うまでもなく、過労やパワハラはなくさなければならず、労働環境が改善されてきたのは好ましいことです。上記の調査でも、寛容で働きやすい職場を多くの若手社員は好んでいることが示されています。

しかしその一方で、ゆるい職場では成長できないのではないか、という不安を抱える人も多いようです。調査では36％が「このまま所属する会社の仕事をしていても成長できないと感じる」、45％が「自分は別の会社や部署で通用しなくなるのではないかと感じる」と回答しています（「強くそう思う」「そう思う」の合計）。

本来、労働環境が良いことが成長にネガティブに作用する合理的理由はありませんが、労働環境が良いだけで成長への支援が足りていなければ、そのような感覚になってしまうでしょう。そのため、最近の若手の転職は、職場環境に不満があって辞める「不満型転職」

ではなく、将来のキャリアを心配して辞める「不安型転職」が増えているとも言えそうです。

不満型転職と不安型転職とでは、離職を防ぐために提供するべき従業員体験も異なると考えられます。たとえば、会社の上司や先輩に対する不満や疑問についてじっくり話を聞く、まだ成果は出ていなくても頑張っていることを評価する、といった取り組みは、不満の解消には役立つかもしれませんが、キャリアへの不安の解消にはつながりにくそうです。「不安型転職」を防ぐために提供するべき従業員体験は、成長を実感できる体験、社内だけでなく社外でも評価される、市場価値の高いスキルを身につけられる手応えのある体験でしょう。

一方で、「ゆるい職場」に満足している人が一定数いて、それを保ちたいのであれば、あえて高い成長を促すような体験は提供しなくてもいいのかもしれません。「プライベートを大切にして働きたい」「給料は低くても安定して長く働きたい」といった志向をもつ人に適した体験はまた別のものになるでしょう。

このように、どんな従業員体験でも、組織と個人の間で期待値が合っていなければ良い

図 2.3　従業員体験方針を考える

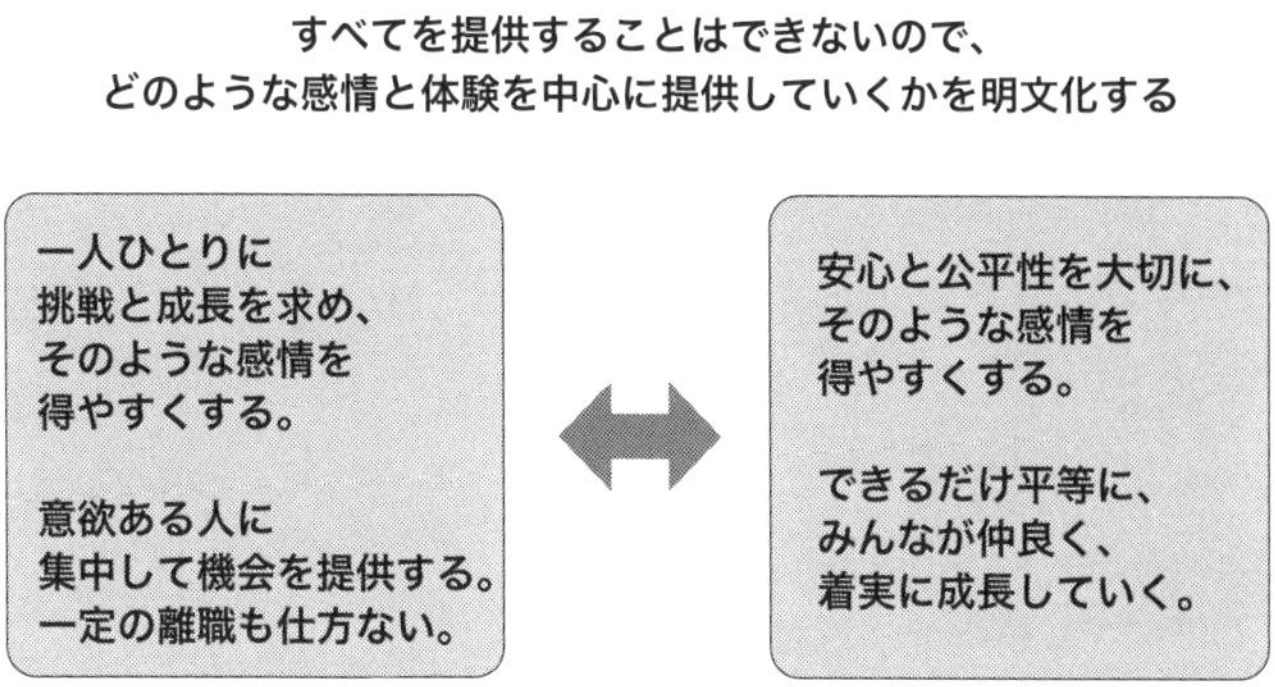
すべてを提供することはできないので、
どのような感情と体験を中心に提供していくかを明文化する
一人ひとりに
挑戦と成長を求め、
そのような感情を
得やすくする。
意欲ある人に
集中して機会を提供する。
一定の離職も仕方ない。
安心と公平性を大切に、
そのような感情を
得やすくする。
できるだけ平等に、
みんなが仲良く、
着実に成長していく。

体験にはなりません。したがって、ＥＸには「こういう体験をさせれば大丈夫」といった一律の正解はありません。体験の内容を良くすることと以前に、期待値を合わせることが重要であり、それは個々の職場や個々の人員に応じて考えていく必要があるからです（図2・3）。

10年間で新入社員の期待値は劇的に変化している

ところで、人がどのような従業員体験を好むのかは、世代や性別によってどのくらい大きな違いがあるのでしょうか。第1章で、職場の多様性の高まりがマネジメントを難しくしていると記しました。期待値を調整するといっても、世代などの属性によって期待値にあまりに大きな違いがあると、それだけ調整も難しくなります。

EXに一つの正解はありませんが、人が仕事や会社に求めるものが全体としてどのような傾向にあるのかを理解することは、EXデザインに取り組む上で不可欠です。サービス業になぞらえて言えば、これはユーザーのニーズ調査であり、トレンドの把握と言えます。

リクルートマネジメントソリューションズが2023年6月に発表した「新入社員意識調査2023」は、過去10年間で新入社員の意識がどのように変わってきたかがわかり、非常に興味深いものとなっています(2)（図2・4）。

たとえば、働く上で大切にしたいこととして現代の新入社員で最も多かったのが「仕事

図 2.4 新入社員の意識の変化

「あなたが社会人として働いていくうえで大切にしたいことは何ですか?」への回答

選択肢（選択率順）	2023年(N=508)	10年前との比較
仕事に必要なスキルや知識を身につけること	48.5%	9.4pt ↑
周囲（職場・顧客）との良好な関係を築くこと	43.2%	3.8pt ↑
社会人としてのルール・マナーを身につけること	43.0%	-3.3pt ↓
任せられた仕事を確実に進めること	38.9%	5.8pt ↑
失敗を恐れずにどんどん挑戦すること	29.3%	0.4pt ↑
元気にいきいきと働き続けること	26.9%	-4.7pt ↓
仕事で高い成果を出すこと	15.1%	-0.8pt ↓
何があってもあきらめずにやりきること	14.1%	-6.2pt ↓
新しい発想や行動で、職場に刺激を与えること	13.8%	0.8pt ↑
何事も率先して真剣に取り組むこと	13.8%	-8.4pt ↓
会社の文化・風土を尊重すること	2.9%	0.6pt ↑
その他（具体的に）	1.4%	0.7pt ↑

「あなたが上司に期待することは何ですか?」への回答

選択肢（選択率順）	2023年(N=508)	10年前との比較
相手の意見や考え方に耳を傾けること	49.5%	3.1pt ↑
一人ひとりに対して丁寧に指導すること	49.1%	16.3pt ↑
好き嫌いで判断をしないこと	35.2%	4.5pt ↑
よいこと・よい仕事をほめること	33.6%	12.2pt ↑
職場の人間関係に気を配ること	28.1%	1.4pt ↑
仕事に情熱を持って取り組むこと	19.6%	-15.3pt ↓
言うべきことは言い、厳しく指導すること	17.5%	-20.6pt ↓
周囲を引っ張るリーダーシップ	15.5%	-9.2pt ↓
仕事がバリバリできること	10.4%	-0.1pt ↓
ルール・マナーを守り、清廉潔白であること	9.8%	0.3pt ↑
部下に仕事を任せること	5.3%	-0.5pt ↓
その他	0.8%	0.4pt ↑

出所：リクルートマネジメントソリューションズ「新入社員意識調査 2023」より一部抜粋して筆者作成。
いずれも最大３つまでの複数選択。

図 2.4　新入社員の意識の変化（続）

「あなたはどのような特徴を持つ職場で働きたいですか?」への回答

選択肢（選択率順）	2023年(N=507)	10年前との比較
お互いに助けあう	66.4%	13.4pt ↑
お互いに個性を尊重する	50.7%	21.8pt ↑
遠慮をせずに意見を言いあえる	39.7%	2.8pt ↑
アットホーム	37.3%	-6.9pt ↓
皆が一つの目標を共有している	25.3%	-11.2pt ↓
活気がある	25.3%	-19.2pt ↓
ルール・決め事が明確	12.0%	2.9pt ↑
お互いに鍛えあう	11.4%	-13.4pt ↓
その他（具体的に）	1.0%	0.4pt ↑

出所：リクルートマネジメントソリューションズ「新入社員意識調査2023」より一部抜粋して筆者作成。最大3つまでの複数選択。

に必要なスキルや知識を身につけること」で、全体の48・5%が挙げていますが、この値は10年前から9・4ポイントも上昇しています。その一方で、「何事も率先して真剣に取り組むこと」は10年前から8・4ポイント下落し13・8%に。

上司に期待することとしては、「一人ひとりに対して丁寧に指導すること」（49・1%）が10年前と比べて16・3ポイントの上昇。対照的に大幅下落となったのは「言うべきことは言い、厳しく指導すること」（20・6ポイント下落）、「仕事に情熱を持って取り組むこと」（15・3ポイント下落）などです。

働きたい職場の特徴については、「お互いに助けあう」が66・4%で最も多く、10年前と比べて13・4ポイントの上昇。「お互いに個性を尊重する」は21・８ポイントの大幅上昇で50・７％の新入社員が挙げています。一方で、「活気がある」「お互いに鍛えあう」は10ポイント以上の大幅下落。

10年前（２０１３年）と比べてもこれだけの違いがあるのですから、20年前に新卒入社した現在40代半ばの人たちと新入社員の意識差はもっと大きいのではないでしょうか。50代、60代の方とならなおさらです。そうした中で、人事制度や職場のマネジメント、社内行事やさまざまな慣行について、どのように考え、設計していくべきなのか。従来どおりのやり方を続けていては、いつの間にか社員の期待値との間に大きな乖離が生じることになりかねません。

もちろん、会社によって大切にしたい価値観やカルチャーは異なります。昨今の新入社員が一般的に求めるものを、すべての会社が提供するべきだと言いたいわけでもありません。社員の年齢が高く、新卒採用も行わずベテランの中途採用を重視する会社であれば、そうした属性の人の求めるものに合わせるのがよいでしょう。

いずれにしても、会社が従業員にさまざまなことを期待するのと同様に、働く人の側も仕事や職場にさまざまな期待を持っており、その全体的な傾向は、おそらく多くの人が思うよりも急速に変化しています。大切なのは、そうした状況を踏まえ、自社がどのような期待値に合わせていくのかを考えることです。

コンセプトをつくる――
この会社・仕事ではどんな体験ができるのか？

期待値を合わせるとは、期待できること・できないことを明確にすることです。この会社・この仕事ではどんな体験ができるのか、できないのか。それを言語化すること、いわば従業員体験のコンセプトをつくることが、期待値調整の核となります。

サービスビジネスでも同じです。「お客様第一」「最高のサービス」などと言っても、顧客のあらゆる要望に応えられるわけではありません。むしろ、することとしないことを見極め、「私たちはこういうサービスを提供する」というコンセプトや基準を定めることが大切です。

たとえばスターバックスは、自宅でも職場でもない第三の場所、「サードプレイス」を提供するというサービスコンセプトを持っています。人々はスターバックスで単に「コーヒーを飲む」体験をするのではなく、家庭や職場をしばし離れてリラックスする体験を得ているわけです。このコンセプトを意識してスターバックス店内を眺めてみると、ほどよくフレンドリーな接客から落ち着いた内装や座席、ＢＧＭなど、店内で体験するものすべてがこのサービスコンセプトに即して整えられているように見えます。

一方で、たとえば「驚きに満ちた刺激的な体験」や「周囲を気にせず商談ができる、第二の会議室のような場」や「ボリュームたっぷりのドリンクとフードで満たされる」といった体験は、スターバックスでは期待しにくいものです。そうした期待を持ってスターバックスに行く人もなかなかいないでしょう。利用者の期待値が合っているということです。

従業員体験のデザインにおいても、組織としての軸、ＥＸのコンセプトを持つことが重要です。

コンセプトをしっかりと考えないと、手当たり次第に「従業員に喜ばれる体験」を設計してしまい、費用や人事側の負荷が過大になってしまう恐れがあります。あらゆる体験を提供することはできません。

また、どのような従業員体験を提供するかは、働く人に対する会社としてのメッセージになります。コンセプトを定めずにさまざまな体験を提供していると、会社の方針や価値観と必ずしも一致しない行動を助長することにもなりかねません。具体的な施策を考える前に、コンセプトをはっきりさせておく必要があります。

従業員体験のコンセプトを決める上で、いちばんの拠り所になるのは組織のパーパス（存在する目的）や価値観です。ミッション、ビジョン、バリューなどの言葉で語られるものもあるでしょう。そこからその会社で働く人に求められる行動や、働くことで得られる体験のコンセプトを考えていくとよいでしょう。

また、一般に「なぜその仕事をするのか（ＷＨＹ）」を示すパーパスに対して、「どのようにするのか（ＨＯＷ）」を示す行動指針や社訓は、具体的な行動につなげて考えやすいためＥＸのコンセプトづくりの良い手がかりになりそうです。「クレド」や「フィロソフィ」、「〇〇ウェイ」といった表現で語られている例もあるでしょう。それらは従業員に期待される行動を示しており、いわば会社から個人に対する期待値を意味しています。

たとえば、リクルートの有名な旧・社訓「自ら機会を創り出し、機会によって自らを変えよ」は、創業者の江副浩正氏が１９６８年につくった言葉で、多くの社員・元社員に影響を与えたと言われます。同社の企業文化を象徴する社訓であり、この会社では主体的にチャレンジすることが求められること、それによって成長できることが示唆されています。仕事のなかでそんな体験をしたいと願う人たちが、この言葉に惹かれて同社に入ったのではないでしょうか。明示的に語られているわけではありませんが、同社におけるＥＸのコンセプトを示唆した言葉だととらえることができそうです。

一方で、行動指針のような文言については、組織が個人に一方的に押し付けるものという印象を持たれる方もいるかもしれません。「～すべし」といった言葉で語られる社訓を朝礼で唱和する会社は、昔は多くあったようですが、現在はあまり好まれないようです。おそらく多くの社訓は、会社が個人にさまざまな行動を求めるものではあっても、個人が会社に対して期待できることを示すものではないからでしょう。

個人と組織の関係性がより対等なものになっている現代、会社が一方的に期待を押し付けるようなやり方では、真の意味で従業員体験の期待値が形成されたことにはなりません。「この会社では何を求められるのか」だけでなく、従業員目線で「この会社ではどんな体験ができるのか」を言語化することが必要です。

パーパスや価値観に基づいて従業員体験を考える

価値観に根差した従業員体験を幅広く提供しているわかりやすい例として、アクセンチュアの働き方改革の取り組み「Project PRIDE」が挙げられます。

コンサルティング会社のアクセンチュアは、かつては長時間労働が多く、「不夜城」と揶揄されることもあったようですが、それが優秀な人材の獲得などにとって大きな課題だと認識し、2015年から組織・文化の改革を始めました。また、以前はITコンサルティングが事業の中心でしたが、M&Aの拡大により事業領域が拡大し、社内の人材の多様性が高まったことも改革の背景にありました。

活動を通じて目指されたのは「アクセンチュアで働くすべての人々が、プロフェッショナルとしてのあり方に、自信と誇りをもてる未来を創造する」こと。「Project PRIDE」という名称にも表れているように、プロとして自信と誇りを持って働けることが、従業員体験のコンセプトと言えるでしょう。

そして改革の大本にあるのが「コア・バリュー」と呼ばれる同社の行動指針です。クライアントに高い価値を提供するために必要な組織文化を、「スチュワードシップ」「ベスト・ピープル」「ワン・グローバル・ネットワーク」「クライアント価値の創造」「個人の尊重」「インテグリティ」の６項目（その下に57箇条の小項目がある）で整理したものです。こうした価値観に即して、また同社がクライアントに対して行ってきた変革支援のノウハウを活かして、さまざまな施策が実行されました。従業員体験を改善する施策としてわかりやすいものをいくつか挙げてみます。

・ハラスメント抑止に向けたルールの周知徹底・厳格化、研修の拡充、社外窓口設置
・残業の適用ルールを厳格化、18時以降の会議原則禁止
・短日・短時間制度の導入、在宅勤務制度の全社展開
・コラボレーション促進を目的としたオフィス設計
・管理業務効率化のチャットボット、プロジェクト概要登録の自動化ＲＰＡの開発
・全社員と遠隔でもコラボレーション可能なツールの徹底活用
・大切な人へ感謝を伝えるキャンペーン。メッセージを本人へ伝達、動画制作
・ＰＲＩＤＥ川柳キャンペーン：社員の気づきを投稿・表彰。優秀作品をカップに印刷

仕組みの整備、テクノロジーの活用、文化・風土の改善など、あらゆる面から従業員体験の改善に（同社の表現としては働き方改革に）取り組まれたことがうかがえます。このほかにも多様な施策が行われています。

また、各種のモニター指標の設定、社内サーベイの実施、マネジメントレベルでのＰＤＣＡサイクルの徹底などが行われたほか、働き方改革が経営上の最優先課題であると社長・役員が発信し全社的なプロジェクト体制を整えるなど、経営層のコミットメントがしっかりと示されたことも極めて重要なポイントと言えるでしょう。

取り組みの成果は着実に表れているようです。残業は一人あたり一日1時間未満にまで減少、離職率はプロジェクト実施前の約半分に。２０２２年に実施された全社員対象のサーベイでは67％の社員が「この会社で働いていることに誇りを感じている」と回答したとのこと。Great Place To Work® Institute Japan が発表している「働きがいのある会社」ランキングでもベストカンパニー入りするようになり、２０２２年には第9位になっています。ＰＲＩＤＥ活動は現在も全社ミーティングで毎回触れられ、目指す姿や社内サーベイの結果が共有されているなど、社内に定着・浸透していることがうかがえます。

なお、活動の全貌は『アクセンチュア流　生産性を高める「働き方改革」』（江川昌史著、日本実業出版社、２０１７年）に詳しく記されています。

EXデザインにおける中小企業の強みと弱み

アクセンチュアなどの事例を見ると、その規模の大きさと施策の幅広さから「うちではこんなことはできない」「余裕のある大企業だからできるのだろう」と思われる方もいるかもしれません。

第1章で、中小企業こそ従業員体験の向上に真剣に取り組む必要があると述べました。一方で、体験設計を行う上で中小企業は大企業に比べていくつか不利な点があります。

まず、多様な業務体験を提供しにくいことが挙げられます。さまざまな部署がある大企業と異なり、配置転換の選択肢がない、あるいは少ないため、異動によってキャリアの幅が広がる感覚や、新鮮な気持ちを得ることが難しいのです。同じ職種・業務をずっと続ける場合が多く、一定レベルに達した後は成長実感を得にくくなり、マンネリ感や閉塞感を覚えることもありそうです。

また、体験設計のためにかけられる予算が少ない場合が多いと考えられます。表彰制度を設けるにも、リモートワークの体制を整えるにも、費用がかかります。新入社員の研修にも大企業ほどの時間やコストをかけられないという企業も多いでしょう。

しかし、繰り返しますが、重要なのは体験の先にある感情です。ある施策が自社ではできないとしても、その施策によってどんな感情を持ってほしいのかを考え、別のかたちで提供する方法を考えてみるとよいでしょう。

たとえば、予算の制約上、新入社員の入社式や歓迎会を盛大に行うことはできないとします。しかし入社式や歓迎会によって持ってもらいたい感情が「高揚感」「ワクワク感」「歓迎されている感じ」だとすると、それにつながりそうな別の体験を考えればよいのです。筆者（上林）の会社ＮＥＷＯＮＥでは、新入社員のために全社員が出演して歓迎メッセージを述べるムービーを社内で撮影し、入社日の演出に役立てました。社員一人ひとりからの寄せ書きをつくるのもよいでしょう。お金をかけなくてもできることはあります。

配置転換の選択肢がないため視野が広がる感覚を持ちにくいという課題については、社外から他業種の方を招いて勉強会を企画したり、他社に頼んで見学に行かせてもらったり、有識者を顧問として招聘して話をしてもらったりすることが助けになりそうです。

一方で、中小企業の方が大企業よりも有利になるポイントもあります。一つは経営者との距離の近さです。大企業に比べて中小企業では経営者と直接関わったり仕事ぶりを目にしたりする機会が多く、ビジョンへの共感や経営感覚の理解などは比較的得やすいと考えられます。将来起業して経営者になりたいという若者にとっては良い環境になるかもしれません。また、中小企業では一人ひとりが会社に与える影響度が相対的に高くなるため、若い頃から組織に変化をもたらす仕事ができ、歯車の一部ではなく重要な存在になれている感覚や貢献実感を得やすいかもしれません。

自社の特性、強みや弱みを考慮しながら、よりよい従業員体験を生み出すための工夫をしていく必要があります。

期待値を合わせていくために必要なこと

「その会社でどんな体験ができるのか」という従業員体験の期待値を合わせるといっても、従業員は一人ひとり異なるため、会社や仕事に対して期待するものも違っている可能性はあります。「チャレンジを通して高揚感や成長実感が得られる」ということをEXのコンセプトにしたとしても、従業員の中にはそうした体験を特に期待していない人もいるかもしれません。

期待値が合わないメンバーがいるという問題は、根本的には採用・入社の段階の問題としてとらえることができます。そもそも採用するにあたって「この会社ではどんな体験ができるのか（することになるのか）」を伝え、期待値を合わせておくことが重要なのです。

とはいえ、期待値が合っていないからといって、すでに会社にいる人に簡単に辞めるよう促すべきではありません。個々人が仕事に期待するものに耳を傾け、会社の中で実現できることがないか探ることは必要でしょうし、期待値が合っていないように見えても、実は期待がきちんと伝わっていないだけの場合もあり得ます。

そのため個々人の期待値調整においては、現場のマネジャーの役割も重要になります。「この仕事をやり切ったら営業能力やプレゼンのスキルが上がると思うよ」「結果がすぐに数字に表れる仕事だから、厳しいけれど、そのぶんうまくいったときは達成感も大きいでしょう」など、仕事を任せる際、その仕事で頑張ったらどんな経験ができ、どんなスキルや能力が身につくのか、どんな感情が得られやすいのかを具体的に言葉にして伝えることが、期待値の適正化につながります。

ただし、大前提として、会社はすべての人のあらゆる期待に応えることはできない、ということは認識しておくとよいでしょう。

商品やサービスにターゲット顧客がいるように、従業員体験にも主要なターゲットは存在するはずです。どのような従業員がその会社に適しているのか、理想的・典型的な社員像を言語化してみることは有意義です。

ターゲットを定めるとは、社員を画一化しようとするという意味ではなく、制度設計や施策を行う上での対象をより具体的に、リアルに考えるということです。コアとなるモデルを設定することで一人ひとりとの期待値調整が行いやすくもなります。ターゲティングができていないと採用時のミスマッチが起こりやすく、入社後に現場のマネジャーに降りかかる期待値調整の負担も大きくなってしまうのです。

従業員体験をさまざまな面からチェックし、課題を見出す

従業員体験とは従業員が仕事の中でするあらゆる体験が該当するため、挙げようと思えばいくらでも挙げることができるほど多種多様な体験があり得ます。そのため具体的にEXデザインに取り組む上では、さまざまな角度から従業員が経験していることに目を向けていくとよいでしょう。

ここで筆者がおすすめしたいのが、マズローの欲求5段階をもとに、従業員が求める体験を考えてみることです。

心理学者アブラハム・マズローは、人間は自己実現に向かって成長し続けることを念頭に、人間の欲求を「生理的欲求」「安全の欲求」「社会的欲求」「承認欲求」「自己実現欲求」の5つの階層に整理しました（図2・5）。従業員体験の文脈に当てはめてみると、次

図 2.5　マズローの欲求５段階

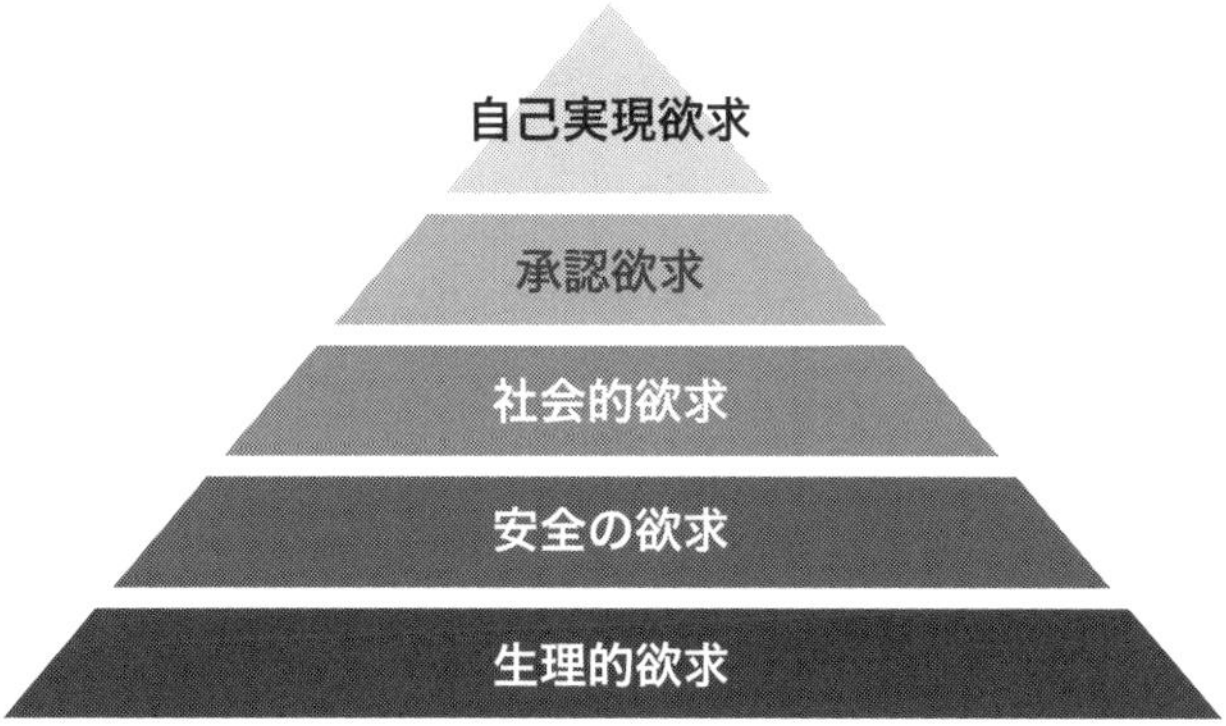

のような体験を提供することが必要と言えるでしょう。

・**生理的欲求に応えるＥＸ**……従業員の基本的な生理的欲求を満たすこと。具体的には、適切な給与や労働条件を提供し、身体に必要となる休憩時間や食事の提供を通じて、従業員の健康と安全を確保すること。

・**安全の欲求に応えるＥＸ**……従業員が安心して働ける環境を整えること。職場の安全対策を徹底し、安定した雇用や福利厚生を提供することで、従業員の安全の欲求を満たすこと。

・**社会的欲求に応えるＥＸ**……従業員が働く上で、コミュニケーションなどを通じた豊かな人間関係の構築の重要性は高い。上司や同僚と十分な対話をする機会を設けること。また、チームビルディング活動や社内イベントを開催し、従業員同士の交流を促進することで、彼らの社会的欲求を満たすこと。

・**承認欲求に応えるEX**……従業員の成果や貢献を適切に評価し、称えることで、承認欲求を満たすことができる。定期的なフィードバックや評価を行い、昇給や昇格の機会を提供すること。

・**自己実現欲求に応えるEX**……従業員が自己実現を追求できる環境を整えること。本人が何を実現したいのかを定期的にヒヤリングする機会を設ける。研修や教育プログラムを提供し、キャリアアップの機会を与えることで、従業員の自己実現欲求を支えること。

自社ですでに行われている施策や制度についてこうした枠組みで整理してみると、手薄な領域がどこにあるか、追加できそうなことはないかなどを考えやすくなります。図2・6は大阪府堺市に本社を持つ刃物製造販売を行う株式会社福井の現状を整理したものです。こうして整理してみると同社ではマズローの5段階のすべての領域においてEX向上をするための取り組みをしてきたことがわかります。今後はより高次の欲求である自己実現

図 2.6 欲求５段階を使った施策・制度の整理（例）

自己実現欲求	・四半期ごとに目標設定・自己評価 ・オンライン講座を受けられる制度 ・社会貢献活動（地域のごみ拾い、高校生の職場体験）実施
承認欲求	・フィードバック面談 ・毎月1on1を実施 ・半年ごとにＭＶＰ表彰実施 ・社員間で感謝を伝え合う掲示板の設置
社会的欲求	・新入社員のオンボーディングプログラム ・社内ＳＮＳを利用 ・社員旅行を毎年実施 ・毎月１回、任意参加の飲み会を実施 ・部活動の補助制度（フットサル部、ボードゲーム部）
安全の欲求	・衛生委員会を設置 ・産業医が隔月で来社、ストレスチェック実施 ・災害対策：事業継続計画を策定 ・セキュリティ研修を定期的に実施 ・ハラスメント対策研修を毎年実施
生理的欲求	・定期的な昇給、ベースアップ ・労働時間：残業平均４時間弱 ・休憩時間：全社１時間確保 ・昼食：家計に優しい安価なお弁当業者と契約、半額支給 ・定期的な健康診断実施

のための体験提供を目指していきたいと福井基成代表は語られていました。

皆さんの組織でも、このような枠組みを用いながら、自社に適したＥＸ向上のためのアイデア出しをしてみてもよいでしょう。

しかし、図2・6の例のように具体的な施策を見ていくと、「社員旅行が苦手な社員もいるのではないか？」「ＭＶＰ表彰を実施しているが、該当者以外には良い体験にはなっていないのではないか？」といった疑問が湧いてくるかもしれません。これがＥＸデザインの難しいところで、次に考えるべきポイントです。

次章では、ＥＸデザインの効果を大きく左右する「個別化」の視点とその基本的なアプローチについて解説します。

NOTE

（1）レバレジーズ「入社後状況に関する調査」 https://leverages.jp/news/2022/0314/2976/

（2）リクルートマネジメントソリューションズ「新入社員意識調査２０２３」 https://www.recruit-ms.co.jp/press/pressrelease/detail/0000000409/

第 3 章

個別化して考える

内的ダイバーシティをどう活かすか

体験価値の核心にあるのは「感情」

前章では、組織のパーパスや価値観に基づいて従業員体験（ＥＸ）を意図的に設計することの必要性や、期待値を適切にコントロールする方法や具体的施策をつくる上での視点について見てきました。そして、具体策を考える際の大きなポイントが、そもそも体験のとらえ方は人によって異なるということです。

同じ従業員体験であっても、その解釈の仕方は人によってまちまちで、大きく異なることもあり得ます。ある人にとっては素晴らしい体験が、別の人にとっては嫌な体験になるかもしれないのです。

そのためＥＸデザインでは「個別化」がきわめて重要です。ＥＸのコンセプトをつくり、それに基づいて提供したい体験や具体策が見えてきたら、それを現場のマネジメントレベルで「個別化」し、一人ひとりに合わせて提供することが必要となります。本章ではその考え方と手法について見ていきましょう。

前章で、「従業員体験とは、企業や組織に所属する従業員が、仕事や職場において得る経験や感情のこと」という定義を示しました。ここで注目してほしいのは「感情」です。EXデザインにおいて個別化が重要である理由は、従業員体験がそもそも個人の感情という一律にコントロールすることができないものとしての側面を持っているからです。

従業員体験を設計するというと、「〇年目で〇〇の経験を積ませる」といったジョブローテーションの施策をイメージされがちですが、それは主にどんな経験・知識・スキルが身につくかという点に着目して考えられるものです。しかし、従業員体験の設計において大切なのは、どんな体験によってどんな感情を持ち得るかに着目することなのです（図3・1）。

仕事の中で従業員が得ることのできる感情には、どのようなものがあるでしょうか。

成長実感、期待感、納得感、信頼感、安心感、有能感、高揚感、使命感、一体感、達成感、公平感、親近感、貢献実感、満足感、没入感、連帯感……。他にも、個人として尊重されているという感覚、上下関係がなく誰もが対等という感覚など、一つの単語では説明しづらい感情もさまざまに考えられそうです。

また、ある体験によって得られる感情は一つではありませんし、得られやすい感情もあれば、得られにくい感情もあります。たとえば、未経験のチャレンジングな仕事を任されるという経験では、成長実感や高揚感は得やすいものの、安心感や親近感といった感情は得にくい、といったことが考えられます。

図 3.1　従業員体験の大切なポイント

体験も大事だが、その先の感情にも注目することが大事

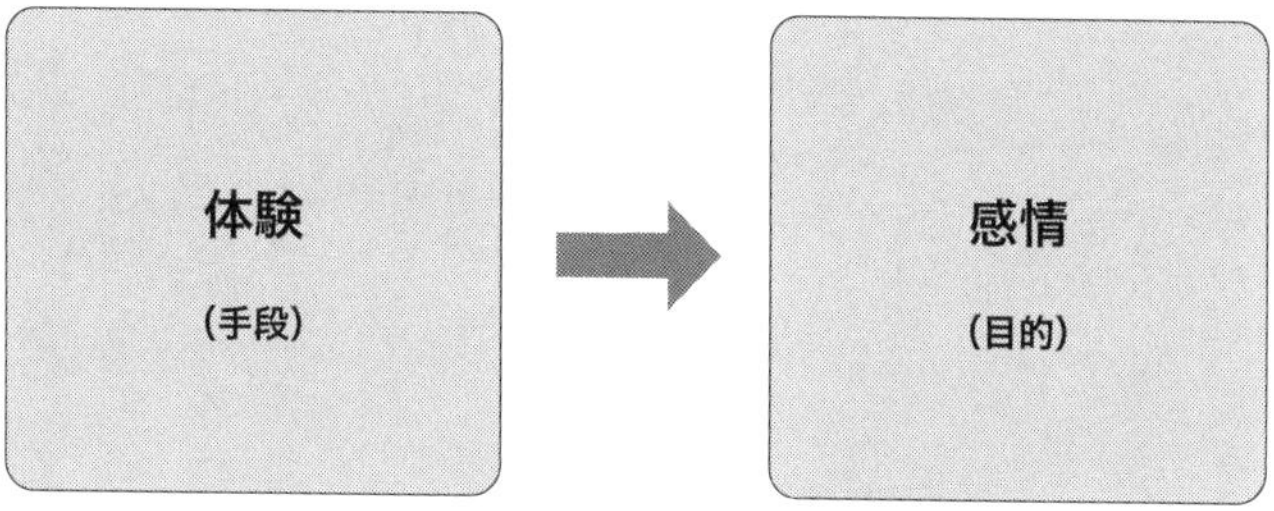

採用、入社、研修、OJT、
チームミーティング、
全社ミーティング、
業務遂行、報告、
上司面談、1on1、
他部署の巻き込み、
価値提供、目標達成、
評価フィードバック、
昇給、昇進、配置・異動、
キャリア面談、退職
社内イベント　等

成長できて自信がついた
知的好奇心がくすぐられる
貢献実感が得られる
褒められて嬉しい
存在意義を感じられる
周りとの一体感が得られる
笑い合えて楽しい
ここに所属することが誇らしい
未来の可能性にワクワクする
同僚の活躍や成長が刺激になる
素のままでいられる安心感がある

人事施策を「感情」という観点から見直し、体験を設計する

いま行っている人事施策を「行動」や「成果」だけではなく「感情」という観点で見直すと、課題や改善余地が見つかることがあるのではないでしょうか（図3・2）。その施策によって従業員にどんな感情を持ってほしいのか。実際にどんな感情を持たれているのか。一見うまくいっているように見えても、意図した感情を持たれていない可能性もあります。

たとえば、次のような問いが浮かんでくるかもしれません。

「社内報奨制度によって自己肯定感や挑戦意欲が高まると期待しているが、実際は結果に対して不公平感を抱いている社員が多いのではないか」

「リモートワークが定着し、誰もが働きやすくなったと喜んでいるし、現在の働き方には納得感を示している。でも一方で孤立感を抱えているメンバーはいないだろうか」

図 3.2 感情の観点から施策を見直す

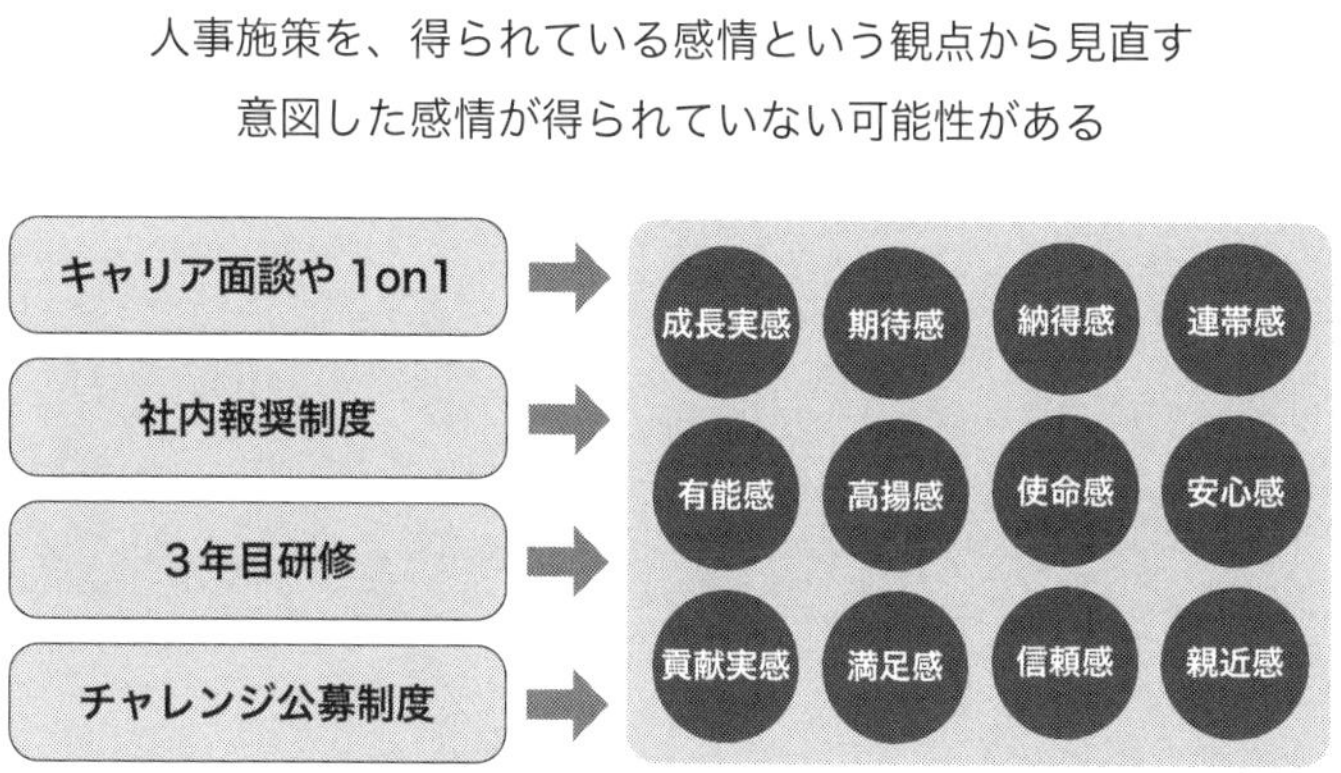

「若手Aさんの仕事を多くの先輩社員が手助けしており、Aさんは安心感を持って働けているようだ。一方で、成長実感や自己肯定感が損なわれる恐れはないだろうか」

同じ体験によっても個人の性格や価値観が異なるために、ポジティブ、ネガティブ両面の感情が生じる場合があります。アンケート等を通じて従業員のリアルな感情に丁寧に目を向け、何を目的として施策を行うのか問い直してみると、より適切で効果的な施策が考えられるようになります。

また、目的とする感情にフォーカスすれば、施策（手段）をより柔軟に考えることもできるようになるでしょう。たとえば、「社員が仕事のなかで多様な経験を積むことができる」という経験を提供することが職種的・企業規模的に難しい会社であっても、その経験によって持ってもらいたい感情が「将来の選択肢が広がっていく感覚」「新しい刺激を得られる楽しさ」だと見極められれば、異業種からの中途入社者による勉強会を行う、異業種に転職した元社員を招いたイベントを行う、取引先企業に頼んで視察や職場体験をさせてもらう、といった施策をつくれるかもしれません（図3・3）。

図 3.3 感情にフォーカスして体験を設計する

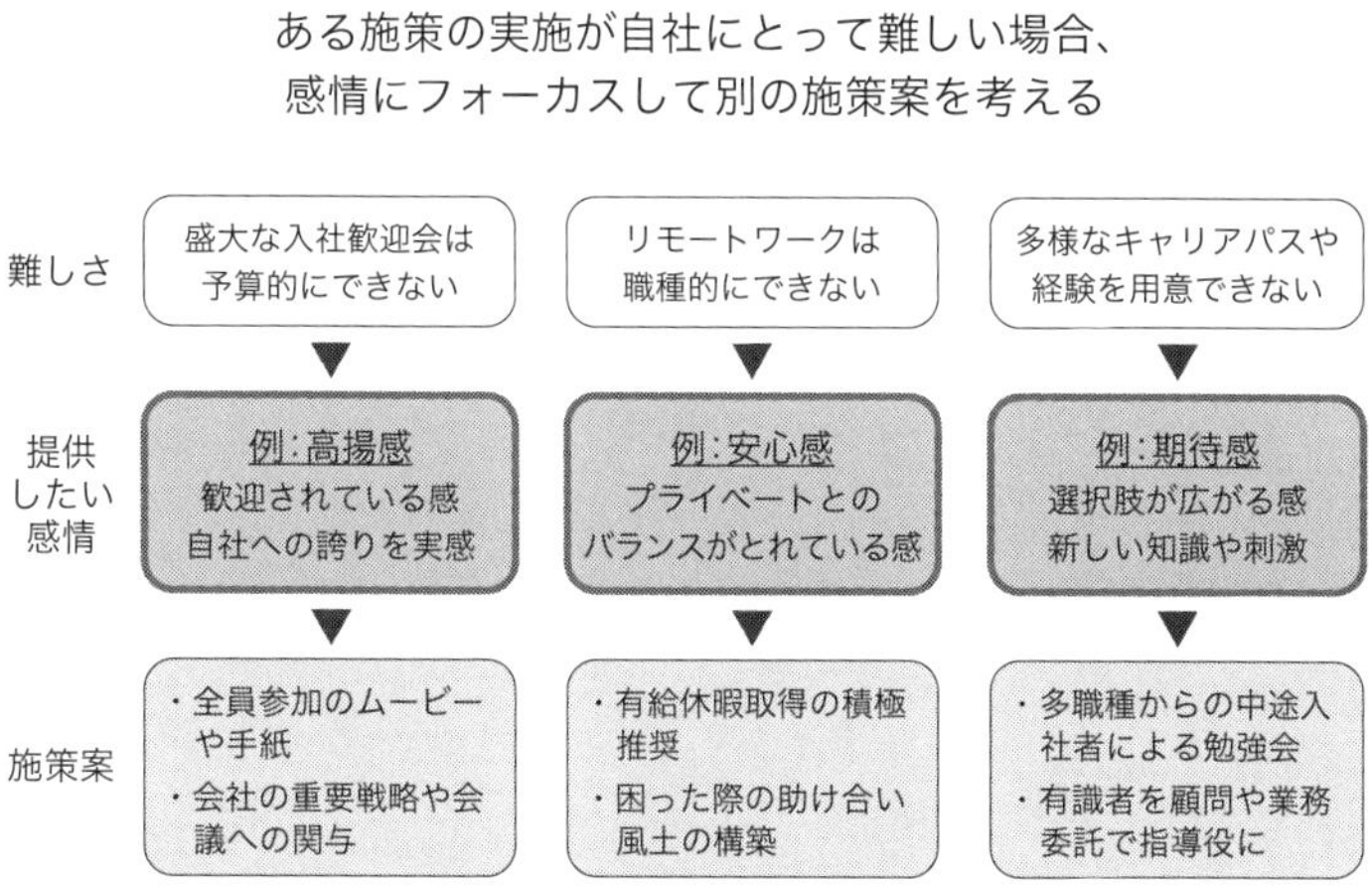
ある施策の実施が自社にとって難しい場合、
感情にフォーカスして別の施策案を考える
難しさ
盛大な入社歓迎会は予算的にできない
リモートワークは職種的にできない
多様なキャリアパスや経験を用意できない
提供したい感情
例：高揚感
歓迎されている感
自社への誇りを実感
例：安心感
プライベートとのバランスがとれている感
例：期待感
選択肢が広がる感
新しい知識や刺激
施策案
・全員参加のムービーや手紙
・会社の重要戦略や会議への関与
・有給休暇取得の積極推奨
・困った際の助け合い風土の構築
・多職種からの中途入社者による勉強会
・有識者を顧問や業務委託で指導役に

1on1の形骸化はなぜ起こるのか

感情という観点から現状を見直すことで課題や改善策を見出しやすいものとして、典型的なのが1on1です。

1on1は一般に、上司（マネジャー）と部下（メンバー）が一対一で行う面談を意味します。目標や課題について話し合う場や、部下の成長をサポートするための仕組みとして近年多くの企業で取り入れられています。

しかし、筆者らが多くの企業の人事担当の方などと接する中では、「1on1を実施しているが特に何の効果も見られない」といった声を聞くことも多くあります。読者のみなさんの中にも、同じ悩みを抱えている方や、1on1をするのが（あるいは受けるのが）面倒臭いと感じている方がいるのではないかと思います。

もともと1on1が日本で流行り始めたきっかけは、ヤフー株式会社での実践が書籍等で紹介されたことでした。本間浩輔著『ヤフーの1on1――部下を成長させるコミュニケーションの技法』（ダイヤモンド社、２０１７年）によれば、ヤフーが１ｏｎ１を取り入れた主な目的は、経験学習サイクルを回すことでメンバーの成長を支援することだったようです。経験学習サイクルとは、「経験」→「内省（振り返り）」→「教訓（概念化）」→「実践」のステップを繰り返すことで、経験から得た学びを成長につなげる考え方です。ヤフーではこのサイクルを回すことを意図して１ｏｎ１が始められました。

しかし、世の中に１ｏｎ１という言葉が知られるにつれ、「上司と部下が一対一で行う面談」という表面的なスタイルだけ取り入れる例が広がることとなりました。何のために行うのか、振り返りを何にどうつなげるのか、目的も方法論も持たないまま、実施するケースが多発しました。結果、１ｏｎ１と称しながらも「部下よりも上司が一方的に話している」「説教めいたことを聞かされるだけ」「意味のない雑談で終わる」など、成長実感や高揚感などとは無縁の、単なる面談が流布してしまったのです。

特によく見られる事例としては数値目標達成のための「パフォーマンスマネジメント」だけを目的とした１ｏｎ１です。数値目標、タスク管理など「人」よりも「業務」だけにフォーカスしてしまった結果、未達の原因を「詰めてしまう機会」となったのです。事実、このような１ｏｎ１が嫌で退職する「１ｏｎ１退職」の事例も時折耳にするようになりました。

より求められているのは「業務」だけではなくより「人」そして「個人の感情」に寄り添う1on1です。人の成長に向き合うことはピープルマネジメントと呼ばれる領域です。この領域では傾聴やコーチングなど、相手の内面を尊重し、それぞれのやりがいを引き出していく対話が求められています。質の高いピープルマネジメントを実現するためには「業務」だけではなく相手を一人の人間として十分理解した上で信頼関係が築けていることが前提となります。

成長を促す対話を社内に取り入れるのであれば、狭義の（直属の上司部下の）1on1にとらわれる必要もないでしょう。別の部門の上司部下と「ななめ」1on1や2対1の2on1など時には柔軟にスタイルを変えてみるのもいいでしょう。

内的ダイバーシティに目を向ける

さて、感情に目を向けることが大切なのはご理解いただけたと思いますが、ここで大きな問題となるのが、本質的に、感情は人によって異なることです。

ＥＸデザインでは「この経験をすればこういう気持ちになるだろう」と、人の感情を想像することが不可欠ですが、他人の感情を１００％正確に理解・推測することは不可能です。だからといって諦めて、個々異なるはずの社員の感情を一律にとらえてしまうのは乱暴なので、完璧ではないと承知しつつも、できる限りの理解に努めるべきでしょう。ここで役に立つのが、性格診断テストなどの客観的手法と、「違い探しの対話」というより主観的な手法です。

人の内面はきわめて多様であり、このことを内的ダイバーシティと言います。内的ダイバーシティを理解し尊重することは、外見・世代・性別・人種などの外的ダイバーシティの理解・尊重よりも、ある意味では難しいかもしれません。その理解に役立つのがパーソナリティ診断テストです。代表的なものとしては、個人の特性を9つのタイプに分類する「エニアグラム」、ギャラップが提供している「ストレングスファインダー（クリフトンストレングス®）」、心理学者ウィリアム・マーストンが開発した「DiSC®」、The Myers & Briggs Foundationが提供する「ＭＢＴＩ診断」などがありますが、ここでは心理学の一分野であるＮＬＰ（神経言語プログラミング）から生まれた「ＬＡＢプロファイル」を紹介したいと思います。

ＬＡＢ（Language and Behavior）プロファイルは、人間の行動と思考のパターンを理解するためのフレームワークで、内的ダイバーシティを構造化したものと言えます。１９８０年代にロジャー・ベイリーによってＬＡＢプロファイルは開発されました。彼は、ＮＬＰと言語行動心理学の原則を組み合わせて、人間の行動パターンとそれらが言語表現にどのように反映されるかを理解しようとしました。彼の研究は、特定の行動傾向が特定の言語パターンに直接対応するという観察に基づいています。端的にいえば、どんな言葉を使うとどんな行動につながるか、のパターンを分析したのです。

ＬＡＢプロファイルによって人々の選好、価値観、動機付けの背後にあるパターン（たとえば、どのように私たちが情報を処理し、何に焦点を定め、何に動機づけられ、どのように行動する

図 3.4 LAB プロファイル

分類	タイプ	説明	口癖
主体性	主体行動型	行動してから考える	まずやってみよう
	反映分析型	考えてから行動する	やる前によく考えよう
方向性	目的志向型	先の目的を達成する意識が強い	目標、ゴールに向かって進もう
	問題回避型	直近の問題を回避する意識が強い	起こりうる問題を出来るだけ回避しよう
判断基準	内的基準型	自分自身の内面基準が強い	自分が大切にしている価値を元に決めよう
	外的基準型	周囲の人達による基準が強い	周囲の人たちの考えや感じ方を大切にしよう
選択理由	オプション型	複数の可能性を同時に追求したい	さまざまな可能性を同時に柔軟に追求しよう
	プロセス型	既存の順番を追って進めたい	一歩づつ着実に進めていこう
変化対応	同一型	同じであることに安心する	変わらないこと、伝統を守っていこう
	進展型	少しづつ進展していきたい	毎日少しづつ変化進化していこう
	革新型	違う新たなやり方を求める	大きな変化を自ら作っていこう
スコープ	全体型	物事の全体像が見たい	まず高く広い視点で物事をとらえよう
	詳細型	細かい具体的な事象が知りたい	細部の具体的な事例に着目しよう
関係性	内向型	一人で静かに思案したい	一人で自分の内面に向き合うのが好き
	外向型	周囲と活発な会話を求める	周囲の人と交わりながら楽しくしたい
人間とタスク	タスク重視	業務遂行、タスクを重視	タスクの進捗を最優先しよう
	人間重視	周囲の人達の感情を重視	周りのメンバーとの関係性を最優先しよう
働き方	個人型	一人で仕事に没頭したい	一人で内省しながら静かに仕事がしたい
	チーム型	複数のメンバーと共にチームとして働きたい	チームで仕事を進めるのが好き
	組織型	組織の決まったポジションが欲しい	役職やポジションを決められると落ち着く
知覚チャネル	視覚型	目から入ってくるビジュアル情報を重視	まず目で見た情報を重視しよう
	聴覚型	耳から入ってくる聞く情報を重視	人から聞いたことを大切にしよう
	読解型	文字、テキストとして入ってくる情報を重視	文章を読んで理解を深めよう
	体感型	実際に経験、体感する情報を重視	体験して五感全体で理解しよう

出所：Institute for Influence ウェブサイト、『「影響言語」で人を動かす［増補改訂版］』（シェリー・ローズ・シャーベイ著、本山晶子訳、実務教育出版、2021 年）等をもとに筆者作成

かなど）を把握することで、自身と他人をより深く理解し、より効果的にコミュニケーションをとることができるようになると言われています。人が何に影響を受けやすいのか、人をどうすれば動かすことができるのかの理解にも役立つとされ、ビジネス、教育、コーチング、カウンセリングなどの分野で取り入れられています。

図3・4はＬＡＢプロファイリングによる分類とタイプです。

こうした類型を使うと、それぞれの類型に該当する人のＥＸを高めるために適した施策を考えやすくなるでしょう。より個別具体的にＥＸデザインを行っていくヒントとなります。いくつか例を挙げてみましょう。

・**方向性**……目的志向型と問題回避志向型の２パターンがありますが、目的志向が強い人には、常に目的、ゴールを明確にし、さらに現在はどの状態にいて、今後具体的にどんな行動を取ればそのゴールに近づけるかに関して話し合ったりアドバイスしたりするといいでしょう。問題回避志向が強い人には、起こり得るリスクや問題を事前に洗い出し、それが起きないような対策を一緒に練りましょう。チャレンジに消極的になりがちなので、時には新しいことをする後押しもしてあげましょう。

・**判断基準**……内的基準が強い人には自分自身でしっかりと内省できるような静かな時間や場所を確保してあげましょう。ただし、独りよがりの思考や判断になることもあるので、その場合は適宜フィードバックをしてあげましょう。外的基準が強い人は常に他人からや客観的なフィードバックが必要になるので、こまめにコメントやアドバイスをしてあげましょう。ただし、行きすぎたフィードバックは時には自立を阻害することもあるので、自分自身で決める機会も与えましょう。

・**選択理由**……オプション型の人は常に新しいやり方、パラレルタスクを好む傾向にあります。いろいろな選択肢を与えて自分自身で決めてもらい可能な範囲で自由にタスクを進めてもらいましょう。ただし、拡散しすぎて注意散漫になることもあるので、その場合は特定の業務に集中するようにサポートしてあげる必要があります。プロセス型の人は順番が決まっていると安心します。1～10までステップに分けてその手順を説明するとしっかりとそのタスクをこなしてくれます。既存の業務は堅実にこなしてくれますが、新しい進め方が苦手なことも多いので、定型業務を基本としながらも、時には順次、新しいタスクを与えてあげると飽きが来ないでしょう。

このように類型を参考にして一人ひとりに合った仕事や働き方を促すことで、ＥＸの質を高めることができると考えられます。類型化は安易に使うと逆効果となることもありますが、個々の得意・不得意や志向の違いを意識しやすくなるだけでも、マネジャーにとって大きな意味があるのではないでしょうか。その上で、決めつけ過ぎず、本人の反応や意見を踏まえて働きかけを調整していくとよいでしょう。

「言わなければ伝わらない時代」のマネジメントに求められるもの

内的ダイバーシティを理解する上で、ＬＡＢプロファイルなどの手法とともに有効なのが「対話」です。そのやり方をお話しする前に、職場におけるコミュニケーションのあり方について少し考えてみましょう。

これまでにも見てきたように、昨今のビジネス環境では関係性を構築するのが以前より難しくなっています。全体的に、現在の企業ではコミュニケーションの量と質が不足してきているのではないでしょうか。

仕事の効率化、個業化が進み、コミュニケーションの機会が少なくなっていたところに、コロナ禍となり、職場のコミュニケーションは、チャットツールやオンライン会議ツールなどによって行われることが多くなりました。これらのコミュニケーションツールによって、「情報」の伝達は容易になりました。そうしたメリットがあることから新たなコミュニケーションスタイルは定着し、コロナ禍が収束してからも続いています。

しかしながら、これまで「情報」伝達とは別のコミュニケーション機会に行われていた、仕事の意味や、仕事をする上で大事にしている想いや価値観など、「想い」「認識」「考え方」といったものを伝えあうコミュニケーションは、極端に減ってしまいました。

こうしたコミュニケーションが少ないと、お互いの「想い」「認識」「考え方」に違い、ズレ、勘違いが生じていたとしてもなかなか気づきません。そのまま仕事自体を進めることができても、疑問を抱えたまま、納得感がないままになり、仕事の意味や意義を見失うこともあり得ます。チームや上司と良い関係が築けていないと感じ、不安や孤立感を募らせることもありそうです。仕事ぶりが他のメンバーから見えにくいため、褒められたり労われたり手助けされたりする機会がなく、がんばっても手応えがない、報われない感覚に陥るかもしれません。

コミュニケーション不足はエンゲージメントの低下をもたらし、放置していると離職につながってしまいます。

「想い」「認識」「考え方」といったものを伝えあうコミュニケーションは、もともと職場内の雑談や客先を訪問した際の移動中や食事や飲み会などの場で自然発生的に行われてきたものでした。長い時間、同じ場所で共に働くうち、「いつの間にかなんとなく伝わるようなもの」だったのです。しかし、コミュニケーション量が圧倒的に減少した今日では、これまでのように「いつの間にかなんとなく伝わる」可能性は期待できなくなっています。「いつの間にかなんとなく伝わる」ことが望めないのであれば、コミュニケーションスタイルを変える必要があります。これからは、「想い」「認識」「考え方」を〝わざわざ〟言わなければならず、相手の「想い」「認識」「考え方」を〝わざわざ〟聞かなければならないのです。どう思っているかを「言わなければ伝わらない時代」であり、「聞かなければ分からない時代」と言えるでしょう。

そこで鍵となるのが「対話」です。

「違いを知る対話」

「対話」とはいったい、どのようなコミュニケーションなのでしょうか。

社内にはもっと対話が大切だ、と言われると、コミュニケーション量を増やすために、雑談する機会をつくろう、出社の機会を増やそう、などと考えがちかもしれません。ですが、仲良くたくさん話す機会をつくれば「対話」ができる、というものではありません。

対話とは、2人以上の人々が相互の理解を深め、知識、意見、感情、価値観を交換するコミュニケーションです。情報の伝達を超えて、相手の考えや感じることを真に理解しようとする姿勢が特徴です。

議論は、主に意見や立場の違いを明らかにし、最良の答えや方針を見つけるためのものです。一方、対話は理解や共感を深めることを目的としており、必ずしも結論を追求するものではありません。

また、次のようにも表現できるのではないかと思います。

「**雑談**」は、特にテーマがなく、とりとめのないもの
「**討論**」は、どの主張が正しいかを決めるもの
「**議論**」は、意思決定などの着地を決めるもの
「**対話**」は、お互いの前提や意見の共通点や違いをわかり合おうとするもの

ここで考えたいのは、話し合うことでお互いの認識や解釈の「違いやズレ」を見つけ、チューニングしていくコミュニケーションとしての対話の可能性です。対話は共通点探しや共感だけではなく、人々の間に存在する認識や解釈の「違いやズレ」を明らかにし、調整する手段として有効なのです。

「違いやズレ」を見つけ、チューニングすることは、人間関係をつくっていく上でとても重要な意味を持ちます。一般的には共通点がある方が仲良くなりやすく、価値観も気持ちも通じ合うのでうまくいくものと考えられています。もちろん、そうした側面もありますが、共通点が多いからといって何もかも同じというわけではありません。「きっと自分と同じだろう」と考えて、相手に確認せずに物事を進めていると、実は考え方が異なっていたことが分かり、後から揉めてしまった、という経験をしたことは誰しもあることだと

思います。人間関係やチーム、組織に起きている問題は、ほとんどすべて「伝わっているはず」「同じ考えでいるはず」「同じ世界を見ているはず」という思い込みによって起きていると言っても過言ではありません。

あらゆる人間関係は、人と人とは違う、考えは必ずズレていく、という認識に立って、常にその「違いやズレ」に気づいては対応する、ということを辛抱強くやっていかなければならないものです。そこで欠かせないのが「対話」なのです。

ビジネス現場では、さまざまな背景や価値観を持つ人々が共に働くことが増えています。多様性は新しい価値やアイディアを生み出す原動力となる一方、誤解や摩擦の原因ともなり得ます。そうした職場においては、共感をつくり出すことも大切ですが、同じくらい、「違いやズレ」を見つけ、チューニングすることも重要です。

また、考え方や感覚の違いが見つかったとき、それを問題ととらえて〝すぐに〟「解決」しようとする人が少なからずいます。つまり、どうすれば同じ考え方になれるか、どんな意見ならお互い納得できるかを考えてしまうのです。しかし、対話のゴールは合意を形成すること、違いをなくすことではありません。それぞれ違いがあることに気づき、尊重し合う。それが大事なことであり、無理に合意をつくろうとすることはかえってネガティブな感情につながりかねません。まずは互いの考えを理解しあう、そこで信頼関係を構築した後に、共に同じ方向を向いて解決策について考えることが大事です。

現在、ダイバーシティ＆インクルージョンの推進が世界的にも重要な課題として取り組まれています。性別や年齢、国籍、ライフスタイル、価値観などさまざまな属性の違いにかかわらず、多様な人材それぞれの個を尊重し、活かしていくことです。対話は、ダイバーシティ＆インクルージョンを進める上でも不可欠と言えるでしょう。

そして、個々に合った従業員体験を設計する上でも、「違い」はきわめて重要です。なぜならば、そこには大事にしている価値観などその人らしさが含まれているからです。自分が大事にしていることを反対されずに理解してもらえることは自己肯定感が高まるものであり、マネジャーの方には１ｏｎ１などの機会に、ぜひ違いがあってもそれを尊重し、理解しあう対話をしてほしいと思います。価値観や考え方の違いが見つかることは問題ではなく、より良い体験設計の手がかりになるものです。

違いを知る対話の3つのステップ

ここで、「違いを知る対話」をうまく行うための方法をお伝えしておきましょう。3つのステップがあります。

1. 「違い」を見える化する
2. 「違い」を掘り下げる
3. 「違い」を承認しあう

1. 「違い」を見える化する

共通点は大事ですが、それだけを話していても本音が見えてきません。一方で、他者と意見や考え方が異なることは、居心地が悪いことでもありますが、違っていて当たり前、むしろ「違い」「ズレ」を面白がるようなスタンスで「対話」をしていくのがポイントです。

「違い」を見つける上で効果的な手法は「選択肢を用意すること」です。「好き？　嫌い？」「許せる？　許せない？」「①今の仕事そのまま　②範囲広げる？　③全然違うことやりたい？」など選択肢を用意すると、答えやすいうえ、それぞれの「違い」や「ズレ」が見えやすくなります。当然ながら、正解のない質問、「どちらを選んでもＯＫ」という前提の質問でなければ、「違い」を見つけるための質問にならないので注意が必要です。

2.「違い」を掘り下げる

「違い」が見えてきたら、それを受け止めて掘り下げていきます。ポイントは、どう思ったのか、どう感じたのか、嬉しかったのか、つらかったのかなど、意見だけでなく、感情を表現してもらうことです。感情を聞き出し、なぜそう感じたのか語ってもらうと、その背景にある「想い」「認識」「考え方」が見えてきます。また、どんなところにこだわりがあるのか、なぜそう思うようになったのか、きっかけになった経験は何か、などと掘り下げることができると、より理解が深まります。

「この会社で何がやりたいのか」「この会社はどうなってほしいと思っているのか」「入社時はどんな思いを持っていたのか」など、普段話さない「思い」について問いかけてみると、相互理解が深まります。

3．「違い」を承認しあう

対話のゴールは、意見を集約したり、誰かを説得したり、結論を出したりすることではありません。ただお互いの「違い」を認めあい、「自分とは違っているけれど、その理由は少し理解できた」「お互いについて、理解が深まった」となれば、ここでは十分です。

1on1やチームの場でこのような対話ができれば、個々人の認識の違いが解消されて信頼関係が得られたり、自身が持っている強みや想いを周りの人が知って共感してくれたりすることになり、よい従業員体験となるでしょう。それはマネジメントに対する信頼やエンゲージメントの向上にもつながっていくはずです。

スピルオーバー効果とクロスオーバー効果――包括的に体験をとらえる

個々人の感情や求めるものの違いに配慮したＥＸデザインを行う上で留意するとよいのが、体験や感情に対するスピルオーバーとクロスオーバーの２つの効果です。

スピルオーバー効果とは、ある活動領域での経験や感情が別の活動領域に影響を及ぼすことです。職場での人間関係や役割が家庭における振る舞いに影響を与えることや、逆に家庭の状況が仕事のパフォーマンスに影響をもたらすことを意味します。

スピルオーバー効果はポジティブ・ネガティブ両面で起こり得ます。ポジティブなスピルオーバーは、たとえば「家庭が円満だと仕事に力が入る」「仕事が順調で、パートナーとの関係もうまくいく」「仕事で培ったスキルが地域の活動にも生きる」といったかたちで現れます。一方、ネガティブなスピルオーバーは、「仕事が忙しくて家族との時間をとれない」「家庭の問題で悩んでいるため仕事に集中できない」「副業が気になって本業に十分な注意を払えない」といったかたちで現れます。

クロスオーバー効果とは、ある人の経験や感情が会話や交流を通じて周囲の人に影響を及ぼすことです。職場においては上司の感情や機嫌が部下に影響する、家庭においては夫婦の感情や機嫌が互いに影響し合うという現象を指します。上司が不機嫌だと部下も元気がなくなり職場の雰囲気が悪くなる、夫が陽気だと妻や子どもも機嫌がよくなるなど、思い当たる経験は誰にでもあるのではないでしょうか。

こうしたスピルオーバー、クロスオーバーの効果を意識することは、従業員一人ひとりの体験や感情をより解像度高く理解するヒントになりますし、ＥＸを高める仕組みや慣行をつくっていく上でのヒントにもなります。また、リモートワークの普及によって仕事と家庭の境界が曖昧になってきたこと、夫婦間の役割分担や家事・育児についての価値観が大きく変わってきたことで、スピルオーバー効果を意識する必要性はいっそう高まっているとも言えるでしょう。

２つの効果を踏まえた人事施策としては、たとえば以下のような取り組みが挙げられます。

・**フレキシブルな勤務時間**……従業員が勤務時間を自らコントロールできるため、仕事と家庭のバランスをとりやすくなり、意欲向上につながる。

・**健康的な生活習慣の奨励・支援**……運動や健康的な食事についての啓発・教育や支援を行う。従業員の心身の健康が保たれることは仕事にも好影響をもたらす。

・**家族ぐるみの活動の機会**……家族で参加できるイベントや、職場に子どもやパートナーを同伴できる日を設ける。仕事に対する家族の理解、家族の事情に対する職場の理解を高めることにつながる。

・**ストレス軽減のアクティビティの提供**……ヨガのクラス、マインドフルネスのセッションなどの機会を設けることで、従業員のストレス軽減を支援する。

もっとも、家族ぐるみのイベントのような施策については、「仕事とプライベートはしっかり分けたい」「職場の人に家族についていろいろ知られたくない」といった思いをもつ人もいるでしょう。仕事とプライベートの線引きについての考えは人それぞれですので、一部の人が居心地の悪さや不公平感を持つことのないよう配慮することも大切です。ここでも一人ひとりの「違い」に目を向ける対話は役に立つでしょう。

あらゆるニーズ、あらゆるペインに対応することはできない

内的ダイバーシティに目を向け、「違い」を踏まえてそれぞれ個別化した対応をとると言っても、実際にやるのは難しいと感じる方もいるかもしれません。マネジメント側の負荷が膨大になってしまう恐れもありそうです。

また、とくにベテランの経営者や管理職の方は、筆者が従業員体験について話をすると、「社員の感情に寄り添っていると経営が成り立たない」「社員を甘やかすことになるのではないか」といった意見を口にされることが少なくありません。ビジネス誌などでは、社員の感情に配慮する必要はない、経営者は「非情」であれ、などという言説もしばしば見受けられます。そうした意見の背景には、以下のようなことへの懸念があると考えられます。

・日本では解雇の規制が厳しく、会社が一方的に従業員を辞めさせることは難しい。そ

のため、待遇のよい職場では、意欲がなく辞めもしない「ぶら下がり社員」が生じることがある。

・権利意識が強く、常に自分の利益や私生活を優先する社員ばかりになると、非常時や誰かが残業せざるを得ないときなどに組織として十分に対応できない。

・地味な仕事、ルーティンワーク、下積み的な仕事をやりたがらず、華やかな仕事や性急な成功体験を求める社員ばかりになると、組織がうまく機能しなくなる。

・些細なことでも何かにつけてパワハラ被害を訴える、気に入らない指示には従わないなど、社員が自分の感情を最優先してクレーマー化するのではないか。

こうした懸念から、個々人の感情への配慮に慎重になる経営者がいるのも無理はありませんが、だからといってポジティブな感情を持ってもらうための働きかけを不要ととらえるのは安易です。むしろ、ここに挙げたような後ろ向きの振る舞いを防止し、前向きな行動を促すためにこそ、感情に目を向ける必要があるのです。

そもそも会社にも経営者にも、従業員のあらゆるニーズやペイン（痛みや悩み）に対応することはできません。

「地味な仕事はやりたくない」という社員がいたとしても、その気持をそのまま許容することが「感情に寄り添うこと」になるとは限りません。やりたくないのは、その仕事の意味がよくわかっていないからかもしれません。その仕事が本人のキャリアにとってどんな意味を持ちえるのかを丁寧に説明することで、意欲が持てるようになるかもしれません。個々の感情に寄り添うとは、そういうことです。

これまで経験してきたよりも難易度の高い仕事に取り組んでいる人は、しばしば仕事量が多くなったり、大きなプレッシャーやストレスを抱えたりするものですが、それは職業人として一段階レベルアップする過程に伴う痛みである場合もあります。プレッシャーのかかる経験をペインととらえる従業員がいたとしても、そうした経験を取り除いてばかりでは、成長の機会を損なうかもしれないのです。第1章で触れた、楽な仕事ばかりで社員の成長につながらない「ゆるブラック」な職場になってしまうかもしれません。

個々人の感情に配慮することは、あらゆるニーズやペインに対応することと同義ではありません。会社として提供できるものには限りがありますし、ペインを受け入れていく必要がある場合もあります。また成人の成長や学びにはある種の痛み（ペイン）を伴うことが多いものです。

このような背景、解釈、判断などをチーム内やマネジャーとメンバーの間で共有していく上でも、「違いを知る対話」が役立ちます。

タレントマネジメントシステムも信頼がベースになければ機能しない

ここ数年、タレントマネジメントシステムの導入が広がってきました。タレントマネジメントシステムとは、人材の情報をデータ化して一元管理をする仕組みのことです。個々の従業員の属性、保有するスキル、能力、経験、評価情報などをデータとして集約し、人材の適正配置や育成・キャリア形成に役立てることを目的としています。

ともすればマネジャーの感覚によって行われがちだった配置転換など、さまざまな意思決定をより戦略的・効率的にできるようになる効果が期待でき、マネジメントの負荷軽減にもつながるため、タレントマネジメントシステムは急速に普及しつつあります。データに基づいて離職の可能性がある社員を特定するようなものもあります。そうした情報があれば、手遅れになる前に離職防止の施策をとることができます。一人ひとりの強みを活かすという意味でも有用と言えるでしょう。

しかし、忘れてはならないのは、タレントマネジメントシステムはそもそも適切な情報が集まらなければ十分に機能しないことです。アンケートや１ｏｎ１などの取り組みに基づいてデータが作られていたとしても、社員がアンケートや上司からの質問に正直に回答していなければ、適切なデータにはなりません。

たとえば、システム部門への望まない異動を避けたいがために、社内アンケートでその分野の仕事経験があるにもかかわらず「ない」と回答するかもしれません。ほんとうは別の職種にチャレンジしたいのに、１ｏｎ１で話をする上司の機嫌を損ねたくないから黙っているのかもしれません。組織やマネジャーに対する信頼がなく、心理的安全性のない環境では、社員がそのような振る舞いをすることは十分にあり得ます。

つまり、タレントマネジメントシステムは有益ではあるものの、それをうまく活用するためにも、現場レベルで信頼関係が築けていること、一人ひとりに目を向けたマネジメントができていることが前提として必要なのです。システムさえ入れればうまくいくということは決してありません。

「人的資本経営」の本質はマネジメントの個別化

第1章でも触れたように、昨今「人的資本経営」が注目されています。多様性の指標などの情報開示ばかりが意識されがちなようですが、本質的に必要とされているのは、個々人の価値を引き出し、活かすことにつながる具体的な施策です。マネジメントを個別的なものにしていくこと。それが人的資本経営の本質ではないかと筆者らは考えています。

ややわかりにくい人的資本経営について説明する際、筆者がよく例として挙げるのが、映画『マネー・ボール』（原作はマイケル・ルイス著の同名書籍）。アメリカのプロ野球の世界で、弱小球団だったオークランド・アスレチックスを強豪チームに変貌させていく過程を描いたドキュメンタリーです。

財力が乏しく、ホームランを量産するようなスター選手を雇うことはできない球団でしたが、データ分析によって勝利につながる要因が別にあることを発見。出塁率や選球眼といった要素を重視してチームを編成し、個々の選手の強みを生かした采配を行うことで勝率を上げていったのです。たとえば、長打力はないもののファウルで「粘る」力のある選手を、相手投手を疲弊させやすいことやフォアボールを得やすいことを評価してレギュラーに起用するといったことが挙げられます。

つまり、「ホームランを打てるか」「球速があるか」といったわかりやすい評価軸を画一的にあてはめていたら見出せなかった個々の選手の強みを見つけ、最適なかたちで活かすことでチームの成果につなげていったのです。

人的資本経営が本来目指すべきものも、このように一人ひとりの強みに目を向け、活かしていくことだと考えています。

職場のメンバーの多様化、若者の雇用流動化、ライフシフトやリスキリング志向、労働観・組織観の変化、プロティアンキャリア（時代や環境の変化に応じて必要なスキルを身につけ、柔軟に自分を変化させていくキャリア形成のこと）や人的資本経営という考え方の台頭。ここまで述べてきた近年のマネジメントを取り巻くさまざまな変化に共通して見えてくるのは、「個人」に目を向けることの必要性です。

エンゲージメント調査が示すように、多くの日本企業では組織と個人の関係性が半ば壊れてしまっています。人口減少が進み人手不足が深刻化する中、企業は働く人との関係を立て直し、時代に合った新たな関係性をつくっていかなければいけません。本章で紹介した手法などを用いて内的ダイバーシティに向き合い、それぞれの体験・感情に目を向けていくことが、その大きな一歩になるはずです。

第 4 章

時間軸を意識する

組織で働くという「旅」をどう演出するか

ＥＸを考える手がかりは、自分のこれまでの経験を振り返ること

前章で触れたように、いま求められている人的資本経営の核心は「個別化」です。一人ひとりに目を向け、対話を通じて違いを見出し、それぞれの強みを活かすこと。従業員体験（ＥＸ）の設計においても、個々人の体験、感情に対する洞察がきわめて大切です。

もちろん、人の感情を自在にコントロールすることはできませんし、当然ながら「洗脳」のような状態を目指すべきでもありません。「この体験をすればこんな感情を持てるのではないか」という仮説を持ちながらも、一方的に「体験を売りつける」のではなく、個々にフィットするものを試しながら探していく、というスタンスで取り組むことが大切です。

ＬＡＢプロファイルや「違いを知る対話」などの手法が役立つとはいえ、人の感情を理解するのは本質的に難しいことです。むしろ、理解できたと安易に思わず、理解できない

からこそ真摯に耳を傾ける、相手の気持ちを想像する、反応をよく見る、といった態度が大切だと思います。マネジャーや人事担当者には、これまでの一般的なマネジメントスキルとは異なるスキルが求められているとも言えるでしょう。

ひとつの手がかりになるのは、自分自身の経験を振り返ることです。これまでの仕事の中でどんな体験をして、どんなときに心が動いたか、どんな感情を持ち、それがどんな行動につながったかなど、過去を振り返ると従業員体験のイメージを持ちやすくなるはずです。

・それまでクリアできなかった営業目標を達成したとき、ひとつ成長したと感じて自信が持てた。
・自分がつくった一枚の資料が上司に名指しで褒められて嬉しかった。資料作成やプレゼンに自信がわいて、より積極的に取り組むようになった。
・顧客からクレームを受けて自己嫌悪に陥ったが、上司や同僚が親身になってフォローしてくれて関係修復に至れた。チームに対して安心感や信頼感が強まった。

自分の経験を振り返り、抱いた感情を言語化することで、目の前の相手がどんな体験を

図 4.1　自分自身の事例を考える

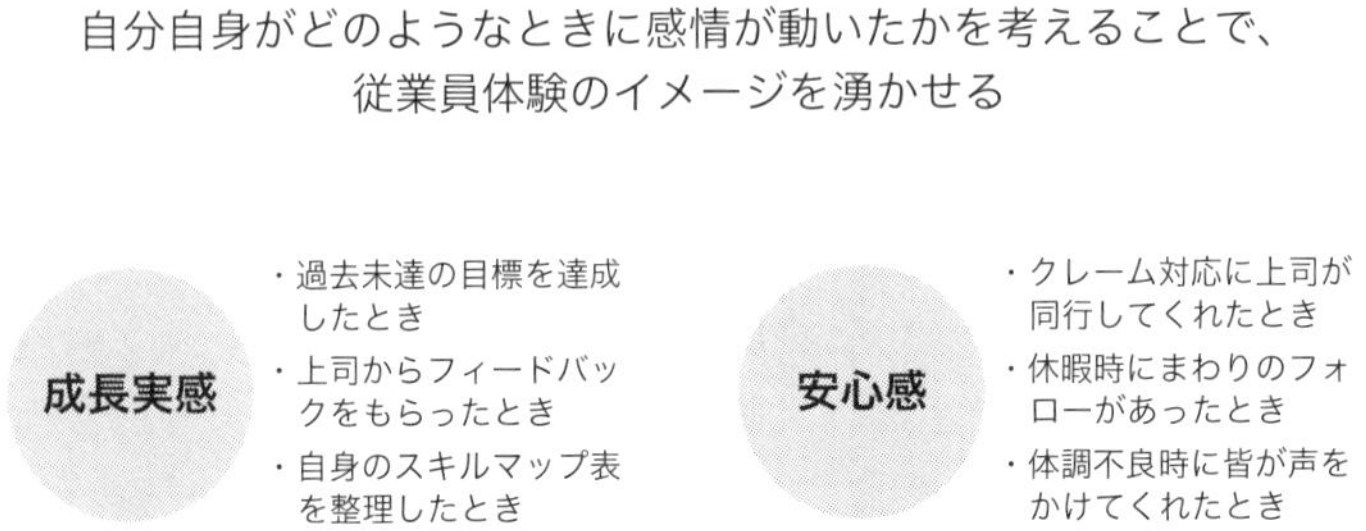
自分自身がどのようなときに感情が動いたかを考えることで、
従業員体験のイメージを湧かせる
成長実感
・過去未達の目標を達成したとき
・上司からフィードバックをもらったとき
・自身のスキルマップ表を整理したとき
安心感
・クレーム対応に上司が同行してくれたとき
・休暇時にまわりのフォローがあったとき
・体調不良時に皆が声をかけてくれたとき

したら嬉しいか、どんな感情がわくかを想像するときの解像度も上がっていきます（図4・1）。自分とＬＡＢプロファイルなどの特性が似た相手であれば「自分がそうだったように、この人もこんな体験ができると嬉しいのでは」と考えることができますし、相手と自分との違いがわかっていれば、「自分はこういう体験が糧になったが、この人にとっては負担かもしれない」などと想像が及びやすくもなるでしょう。

　振り返りは一人でもできますし、マネジャー間や人事チーム内でそれぞれの体験を書き出すなどして取り組んでもよいでしょう。

働く人の行動・思考・感情を可視化する「エンプロイージャーニーマップ」

従業員体験の設計はブランドづくりに似ています。会社のパーパスや理念を踏まえたコンセプトを持ち、顧客（従業員）とのあらゆる接点（タッチポイント）をそれに即したものにしていくことが大切です。

そこで役立つのが、「エンプロイージャーニーマップ（Employee Journey Map：ＥＪＭ）」です。

マーケティングの分野でよく知られている「カスタマージャーニーマップ」は、モノやサービスの購入・利用に至るまでの顧客の一連の経験を視覚化したものです。たとえばアパレルブランドだと、商品を認知し、情報収集し、来店し、試着し、購入するという一連の流れにおける消費者の行動や思考を整理することで、どこに課題があるか、どんな対策が必要かといったことを考えるために使います。

エンプロイージャーニーマップは、従業員が会社でのビジネスやキャリアを通じて経験する一連の経験、思考、感情を時系列で視覚化したものです。カスタマージャーニーマップが顧客体験を理解し改善するためのツールであるのと同様に、エンプロイージャーニーマップは従業員の体験を深く理解し改善するためのツールです。

図4・2が基本的なかたちです。縦軸に「行動」「思考」「感情」、横軸にいくつかの時系列のフェーズを設けた表の形式で、従業員の経験することを整理します。書く際には、まず対象となる個人（ペルソナ）をまず特定します。そのペルソナが働く上で経験する主要なイベントを時系列で横軸に並べ、縦軸の「行動」「思考」「感情」の枠組みに沿って、それぞれの項目に代表的な「経験」を言語化し書き込んでいきます。

各項目をどこまで具体的に細かく書くか、箇条書きにするか文章にするかといった書き方は状況や人に応じてアレンジしてよく、唯一の正しい書き方というものはありません。

縦軸の項目はより簡易的に「思考・感情」を一括りにする場合もあります。ただし、外的側面（行動）と内的側面（思考・感情）は区別して、両方に目を向けるようにします。

エンプロイージャーニーマップを書くことで、従業員体験を多面的に、より解像度高くとらえることができるようになります。仕事のなかで直面するさまざまな問題や障害を洗い出したり、自己肯定感や達成感などポジティブな感情を持てる機会がどこにあるかを

図 4.2　エンプロイージャーニーマップの基本形

イベント	イベント1	イベント2	イベント3	イベント4
行動				
思考				
感情				

対象となる個人が仕事や職場において経験すること（イベント）を時系列で並べ、それぞれにおける「行動」「思考」「感情」を表に書き込む。

見出したりすることに役立ちます。マネジャーや経営層が会社視点ではなく従業員視点で仕事や職場の状況を理解することにも役立ちます。従業員自身がエンプロイージャーニーマップを書けば、自分の体験を客観的・俯瞰的に見ることで振り返りや自己理解に役立てることもできます。複数のメンバーでジャーニーマップを眺めたり、それぞれのマップを見せ合ったりすることは、「違いを知る対話」にも活かせるでしょう。

ポイントは、起こり得る経験を書き出し、見える化し、共有することで、マップを見る人の間で従業員体験に関する共通認識・共通言語ができることにあります。

以下、エンプロイージャーニーマップの具体例をいくつか見てみましょう。

エンプロイージャーニーマップの具体例

図4・3は就職活動から入社するまでの体験を書き出したジャーニーマップです。求職活動、説明会、面接、インターン、合否通知、入社、と6つのイベントを設定していますが、会社によってはもっと少なかったり多かったりするでしょう。

それぞれのイベントでの「行動」を書き出すのは比較的簡単にできるのではないかと思います。「思考」「感情」はより難しく、十分かつ適切に書き出すためには当事者や当事者と関わった経験が不可欠かもしれません。特に、「感情」をどれだけ解像度高くとらえられるかは、その下の「対応策」の精度に大きく影響します。たとえば、入社時の感情を「不安や緊張」とだけとらえると、対応策はそれを軽減するためのサポートにとどまるかもしれませんが、「これからの仕事が楽しみ」といった感情にも目を向けられると、それを高めるために入社前のコミュニケーションを充実させる施策を意識しやすくなるでしょう。

インターン	合格通知	入社
業務に取り組む 先輩社員に質問する 職場の雰囲気を感じる	合格通知を受け取る	入社式に参加する 先輩社員に質問する 業務の説明を受ける
「実際の業務内容や職場の雰囲気に合うかどうか」 「自分が興味を持った業務は自分に向いているかどうか」	「頑張ったかいがあった」 「これからの生活はどんな感じかな」 「自分に本当に合っているだろうか」	「自分が期待することと現実がどのように違うか」 「周りの人とのコミュニケーションをとることで、職場になじんでいく」
新鮮な気持ち、興奮、緊張	安心感、誇り、達成感、希望	挑戦心、不安、緊張、前向きな感情

現場での実践的な業務に挑戦できる環境を整える 常にフィードバックを行い、成長を実感できるようにする インターン後の可能性について話し合う場を設ける	個別化したメッセージを送る 今後の予定を明示する 文化・価値観を共有する	入社前研修を充実させ、スムーズな職場適応をサポートする キャリアアップの道筋を示し、意欲を引き出す 上司や先輩社員との面談を定期的に行い、フィードバックを行う環境を整える

図 4.3 入社までのエンプロイージャーニーマップ

イベント	求職活動	説明会	面接
行動	求人情報を収集する 履歴書・職務経歴書を作成する 面接対策をする 応募する	企業情報を収集する 質問をする	自己 PR をする 質問に答える
思考	「自分に合った職場はどこだろうか」「自分の能力を活かせる職場や会社はあるだろうか」 「自分がやりたい仕事は何だろうか」 「自分自身の強みや弱みは何だろう」	「この企業で働くメリットは何だろうか」 「自分のスキルやキャリアプランと企業のビジョンやカルチャーがマッチしているかどうか」	「自分が持つスキルや経験がどのように活かせるか」 「この職場で自分が成長できるかどうか」
感情	希望、不安、複雑な感情	希望、関心、興味	緊張、不安、期待
対応策	求職者が自社に興味を持ってもらえるように、情報の提供や応募手続きの簡素化、面接日程の柔軟性の提供など、積極的にサポートする	求職者にわかりやすく、魅力的な企業情報を提供し、質問にも積極的に回答することで、求職者の興味を高める	面接の準備やフォローアップなど、積極的にサポートすることで、求職者の不安や緊張を軽減し、入社への意欲を高める

サンプルを見て、自分の職場ならそれぞれの欄にどのようなことを書けるか、考えてみてください。たとえば「合否通知」については、合格の通知を受け取った人の感情だけでなく、不合格だった人の感情にも目を向けられると、合否の伝え方を改善するヒントが得られるかもしれません。

図4・4は入社後から研修を経て業務になじんでいくまでのエンプロイージャーニーマップです。

図4・5は特定の業務を遂行し、昇給・昇進に至るまでを書いたエンプロイージャーニーマップです。

これらのエンプロイージャーニーマップの例はあくまでも基本的なもので、多くの組織でよく起こっていると思われる状態を記したものです。実際にエンプロイージャーニーマップをEX向上の施策につなげていく上では、各フェーズの行動・思考・感情について、その会社や人の個別事情なども踏まえながら、より解像度の高いマップを作るとよいでしょう。

図 4.4　業務になじむまでのエンプロイージャーニーマップ

イベント	オンボーディング	配属	OJT	業務遂行
行動	社員情報の提出 ビジネスルールの習得	担当業務の説明、先輩社員のフォローアップ	業務に必要なスキルの習得、実践演習	タスクの実施、問題解決の試み
思考	新しい環境に慣れるための学習しよう	自分の役割や責任について理解し、期待を抱く	自分の能力を高めることに集中し、自信をつける	仕事に対するプロ意識や職務への取り組みの意欲が高まる
感情	不安や緊張感、期待感	やる気や興奮、不安や緊張感	焦りや不安、達成感	達成感、安心感、ストレスや不安

▼

対応策	バディシステムの導入 トレーニングの改善	希望配属先の事前インタビュー フィードバックの提供 新人研修の充実	細かなフィードバックの提供、スキルアップ研修の充実など	業務改善の提案やフィードバックの活用

図 4.5　昇給・昇進までのエンプロイージャーニーマップ

イベント	業務遂行	1on1	評価面談	昇給・昇進
行動	タスクの実施、問題解決実施、関係者とのコミュニケーション、社内外プレゼン	上司との 1on1	業務遂行の振り返り、目標の共有	成果の評価、報酬やキャリアアップの期待感
思考	仕事に対するプロ意識や職務への取り組みの意欲が高まる	自己認識が高まる、新たな視点が得られる	自分の成果や課題について深く考え、目標の意識を再確認する	自身の成長や成果について内省する、より高い目標達成に必要なスキルを整理する
感情	達成感、ストレスや不安、希望、さまざまな複雑な感情	期待、学び、達成感、緊張感、学習意欲	緊張感や期待感、不安感	緊張感や期待感、不安感、成長＆貢献意欲

対応策	業務改善の提案やフィードバックの活用	1on1 についての基本的なスキルの学びの場の提供	フィードバックの活用、目標設定の見直しやカスタマイズの仕組み、期待値コントロール	成果のフィードバック、報酬制度の改善やキャリアアッププランの充実、表彰制度

対話にエンプロイージャーニーマップを取り入れる

エンプロイージャーニーマップを活用する上でのポイントは、ペルソナとなる個人の内面（思考と感情）を高解像度でとらえ、そこから見えてきた課題について改善策を考えていくことです。そのやり方として、複数のメンバーでマップをつくったり、マップを見ながら対話したりすることをおすすめします。

あるペルソナを想定してエンプロイージャーニーマップを書いたなら、そのペルソナに近い人に見てもらうとよいでしょう。マップの妥当性を検証できますし、マップを見ながら対話することで状況改善に向けたインサイト（洞察）が得られるかもしれません。

エンプロイージャーニーマップを複数人で作り、できたものを眺めながら対話するワークショップの開催は、ＥＸ向上のヒントを得る上で有効であるだけでなく、それ自体が良い体験になると考えられます。各項目に記載するべき行動・思考・感情を参加者みんなで付箋に書き出し、整理していくプロセスを通して、参加者は個人では気づけなかった視点に出合ったり、同じ経験でも異なる受け取り方があることがわかったりと、さまざまな気づきを得ることができるでしょう。立場の異なる人と一緒に行えば、互いの仕事の内容や仕事に対する思いについて理解を深めることもできます。

筆者（松林）が関わっている企業や組織では、エンプロイージャーニーマップを作成するだけでなく、それを眺めながら対話するワークショップや1on1を実施しています。対話を通して、それぞれの働きがいや仕事に対する価値観など、普段はなかなか見えない部分が見えてきて相互理解や自己理解が深まったという声をよく聞きます。結果的に職場のエンゲージメントや心理的安全性も高まっているのではないかと感じますし、定期的に実施することで、深い対話ができる企業文化が醸成されていくのではないかと考えています。

エンプロイージャーニーマップを活用した1on1は、特に、入社や異動をしたばかりのメンバーのオンボーディングに非常に良い効果があるという実感を得ています。入社したばかり・転籍したばかりのメンバーは新たな仕事や同僚・上司になじめるか不安に思うものです。迎え入れる側もその人のことを履歴書や面接などの情報でしか知りません。そんなとき、新たに入社した人のジャーニーマップや、上司や同僚のこれまでを書いたジャーニーマップを作成・共有すると、お互いのことをスムーズに、かつ思考の特性や価

図 4.6　1on1 で使われたエンプロイージャーニーマップの例

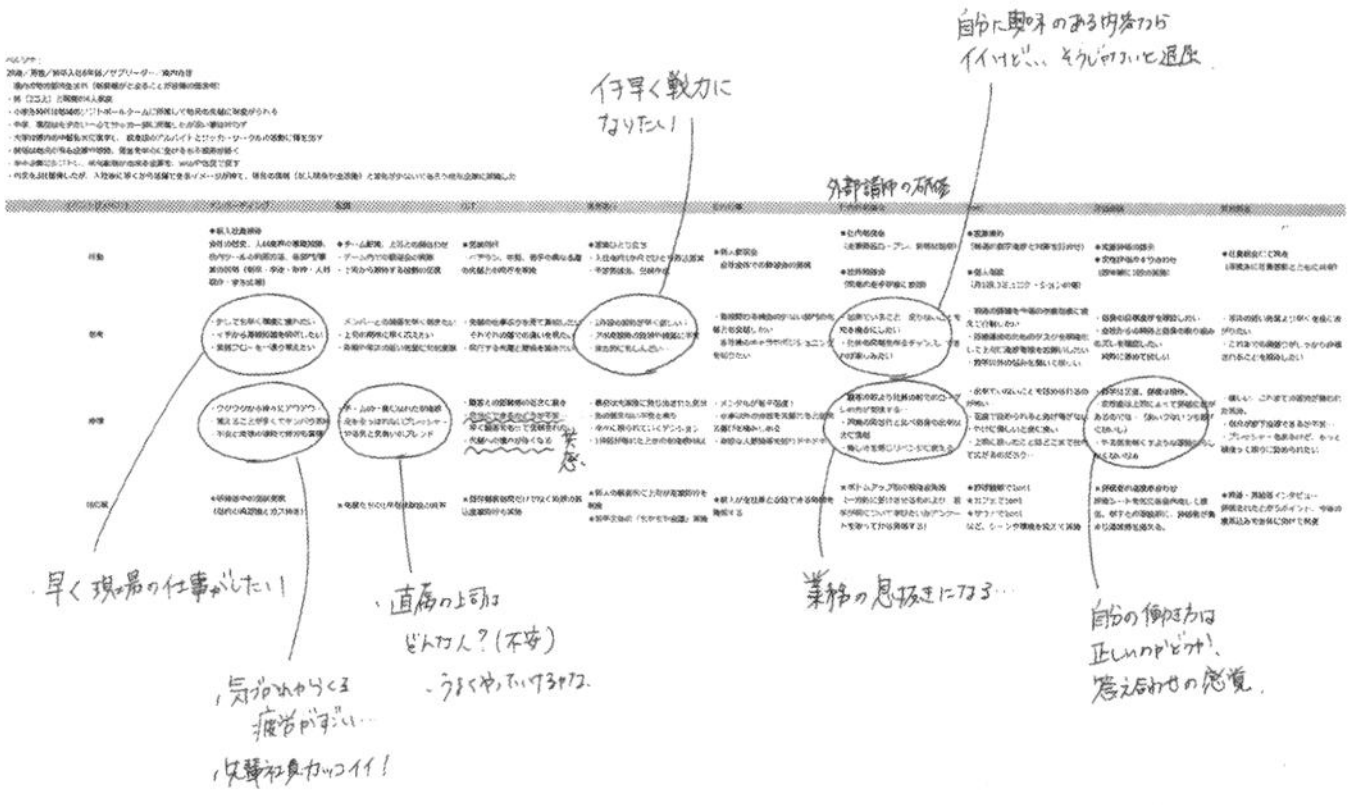

値観といったレベルで理解することができます。その結果、双方が安心して働ける状態を速やかにつくることができるでしょう。

図4・6は実際に筆者のクライアント組織での1on1で使われたエンプロイージャーニーマップです。ここでは具体的な説明はしませんが、かなり詳細に書き出していることが見て取れると思います。マップを眺めて気になった点にコメントを書き込みながら対話し、非常に良いセッションになりました。ポイントは、正しいマップを書こうとするのではなく、マップをもとに対話し、改善策を共に考えていくことです。

Z世代の新入社員の育成をジャーニーマップから考える

エンプロイージャーニーマップは基本的に現状を書き出して可視化するために使われますが、目指す状態（状態目標）をイメージして行動・思考・感情を言語化し、そこに至るための施策を考えるという逆算的な使い方も可能です。

ここで、昨今多くの企業で課題とされがちな新入社員の育成について、目指す状態に基づいてジャーニーマップを書いた例をご紹介します。

第2章で、ここ10年の間に新入社員が会社や仕事に対して抱く期待値が大きく変化したという調査結果をご紹介しました。いわゆるZ世代の多くは就職に際して、上の世代に比べて「会社に所属する」意識（いわば就社意識）が低く、組織に対するエンゲージメントも低いという傾向が見られます。そのためもあってか、キャリアに悩み始める時期も早期化しています。

人の定着を促すためには、若手社員がキャリアに悩んだとき今の環境にい続けることに意味を感じられること、そのための環境を整えることが重要です。「この環境にいたいからこの会社で働き続けることを自分は選択しているんだ」という意識を持てるよう、早い段階からキャリア支援等を通して自信を育み、エンゲージメントを高めることが、EXデザイン上の課題となります。

図4・7は、筆者（上林）の会社NEWONEが行っている新入社員育成の過程をジャーニーマップ風に表したものです。入社から1年強の期間に新入社員がたどる成長過程を4つのステップで整理しています。新入社員のエンゲージメント向上の鍵となる「自信」を育んでいくために、段階的な状態目標をステップごとに設定しています。

入社後～配属前：配属準備を整える
配属後3～5ヶ月：チームの一員になる
配属後6～12ヶ月：入社時よりも成長したと自他ともに思える
配属後12ヶ月以降：短期（1～2年後）のキャリア目標が定まっている

こうした目標の下、各ステップにおいて新入社員が持ちやすい感情（動機）を定義し、それに対応した行動や施策を考えていきます。

まず、入社後〜配属前の期間の新入社員に多く見られるのは「安心して配属を迎えたい」という感情です。それに応えるために適切な研修などを行うことが必要な施策となります。NEWONEでは特に、「教えてもらう」研修ではなく「気づき、教え合う」「主体的に取り組む」要素を重視した研修を行うことで、新入社員の自信を育むことを目指しています。

配属後3〜5ヶ月のオンボーディングの段階でよく見られるのは「良い人間関係を築きたい」「チームの一員になりたい」という感情です。そのため、配属後に速やかに貢献実感を得られる状況をつくることが有効な施策となります。具体的には、チーム内の役割の1つとしてミーティング日程の調整等を新人に担ってもらい、チーム運営に貢献している手ごたえが得られるよう支援することなどが考えられます。

配属後6〜12ヶ月の段階では、少しずつ仕事に慣れてきて、「成長実感を得たい」「頑張って良かったと思いたい」といった感情を持つようになります。新入社員が成長実感を得るためには、「結果」よりも「プロセス」に目を向けることが重要です。新入社員が目に見える結果を出すことは現実的に難しい場合が多いためです。具体的な取り組みとして

図 4.7　NEWONE の新入社員育成プロセス

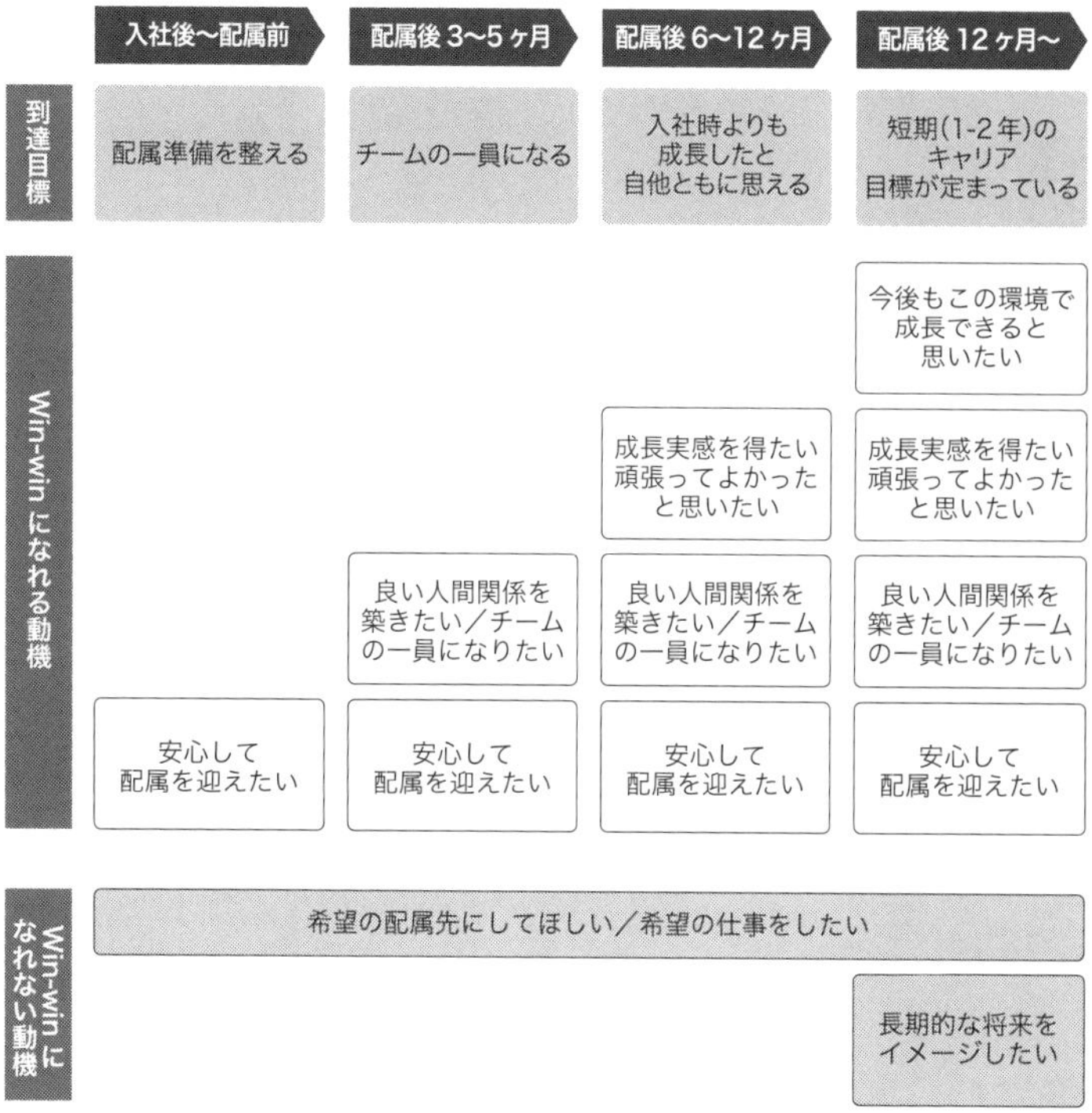
入社後〜配属前
配属後 3〜5ヶ月
配属後 6〜12ヶ月
配属後 12ヶ月〜
到達目標
配属準備を整える
チームの一員になる
入社時よりも成長したと自他ともに思える
短期(1-2年)のキャリア目標が定まっている
Win-win になれる動機
今後もこの環境で成長できると思いたい
成長実感を得たい頑張ってよかったと思いたい
成長実感を得たい頑張ってよかったと思いたい
良い人間関係を築きたい／チームの一員になりたい
良い人間関係を築きたい／チームの一員になりたい
良い人間関係を築きたい／チームの一員になりたい
安心して配属を迎えたい
安心して配属を迎えたい
安心して配属を迎えたい
安心して配属を迎えたい
Win-win になれない動機
希望の配属先にしてほしい／希望の仕事をしたい
長期的な将来をイメージしたい

は、たとえば、人事やメンター、トレーナーとの個別面談を通して、仕事の進め方等の「プロセス」について成長したところを確認し、フィードバックすることが効果的です。

配属から1年を経た頃になると、自分である程度の仕事ができるようになり、マンネリ化の懸念が生じてきます。そのため、「今後もこの環境で成長できる・成長したい」と思えることが重要です。そうした感情につながる従業員体験としては、若手のモデルになり得る先輩社員と交流する機会を設ける、ワークショップ等で数年先の自分の姿を想像できるように支援するといったことが考えられます。

このように、エンプロイージャーニーマップを活用することで、理想的な状態に至るための取り組みを中長期的な視点から設計し、適切なタイミングで実施することが可能となります。

オンボーディングだけでなくオフボーディングも重要

会社に新たな従業員が加わってから適応するまでのオンボーディングの過程を丁寧に設計することが大切であることを述べてきましたが、ここでその逆のオフボーディングの重要性についても触れておきたいと思います。

オフボーディングは、従業員が組織を離れるときの手続きやプロセスのことを指します。従業員が組織を適切に退職し、その経験を最適化するためのものです。

近年、事業環境の変化を背景にキャリアチェンジを迫られる中高年層は多く、年齢構成の是正などを目的とした早期退職募集も増えるなど、定年退職に限らずさまざまな理由による退職が増えており、今後もその傾向は続くと考えられます。キャリアアップを目指す転職ではなく、本来の希望ではないが仕方なく退職するケースも多いでしょう。そうした場合に、退職という従業員体験をできるかぎり円満な、納得感のあるものにすることは、組織にとって大切な課題となります。

オフボーディングのプロセスが丁寧で配慮されたものであれば、退職した元従業員がその後は会社のファンとして応援してくれたり、良い関係でい続けてくれたりもするでしょう。逆にオフボーディングが粗雑だと、元従業員が会社に恨みを持ったり、悪評をまき散らしたりするという最悪の事態も招きかねません。

オフボーディングには、退職者のケアというだけでなく、組織内にとっても以下のようなさまざまなメリットをもたらします。

・**知識の引き継ぎ**……適切なオフボーディングは、従業員が組織を去るときに失われる可能性のある重要な知識や情報を引き継ぐ手段を提供します。

・**従業員との長期的な関係の維持**……オフボーディングプロセスを通じて、組織は従業員との良好な関係を維持し、将来的に彼らが組織や他の従業員と接触を続ける可能性を高めることができます。

・**フィードバックの収集**……退職する従業員からフィードバックを得ることで、組織は問題を特定し、組織全体を改善することができます。このフィードバックは、従業員満足度の改善、業績の向上、そして離職率の低減に対する貴重な洞察を提供します。

・**法的な問題の回避**……適切なオフボーディングプロセスを実施することで、機密情報の保護、企業資産の返却、および他の法的な課題を適切に管理できます。
・**組織の文化と従業員の結束力の保持**……正確で感情的に配慮されたオフボーディングは、残留する従業員の結束力を保ち、組織の文化を強化する役割も果たします。
・**ブランドの保持向上**……良好なオフボーディング体験は、社員のみならず社外からも組織を好意的に見える可能性を高め、組織のブランド力を向上させます。

定年前の自己都合退職によるオフボーディングは、業務の引き継ぎ、資産の返却、アクセスの削除、給与とベネフィット処理、社内通知など、法的リスクを下げるための事務手続きが重視されがちです。しかし、オフボーディングはきわめて感情的な経験です。適切に管理されないと退職者にも組織にもネガティブな影響をもたらす恐れがあります。プロフェッショナルに、感謝の気持ちを持ってこのプロセスに取り組むことが重要です。

オフボーディングを適切なものにするために、具体的な施策は「職務」「役割」「文化」の３つを引き継ぐという観点から考えることをおすすめします。

職務の引き継ぎ

・退職する従業員が持っていた具体的な職務や業務を他の従業員に適切に引き継ぐ
・ドキュメンテーション……仕事の手順、プロジェクトの状況、重要な連絡先情報など、引き継ぎが必要なすべての情報を文書化する
・職務を引き継ぐ従業員がその役割を理解し、効果的に遂行できるようにするためのトレーニングを提供する

役割の引き継ぎ

・役割の関係性、他の従業員やチームとの協働の仕方等も理解し、新たに役割を引き継ぐ従業員に伝える
・自他部門の従業員やチームとどのようにすれば効率的に協力できるか共有すること
・役割間の相互依存関係やコラボレーションの構造、深層的な軋轢などを共有、改善する

文化の引き継ぎ

・学んだ文化的価値や規範を維持し、それを新しい従業員または役割を引き継ぐ従業員

に伝える
・自社理念、パーパスなどを再認識することで全社的なブランド力を高めるようにする
・退職者と在職者のコミュニケーションを定期的に持つことで、文化的な価値の保持と組織の一体感を維持する

図4・8は退職者のエンプロイージャーニーマップの例です。

資産返却	フィードバック	送別会	アルムナイ
会社の所有する資産（PC、カード、キーカードなど）を返却する	HRや上司に退職の経験、感想、提案を伝える、フィードバックを提供する	従業員、同僚、上司と送別会に参加する	会社や旧同僚と継続的に交流する、イベントに参加する
すべての会社の物を返したか、何か忘れていないだろうか	この会社の改善のために、私の経験や意見が役立つことを願っている	これが最後の共有の時間だ。感謝の気持ちを伝えたい	これからもこの組織とつながっていたい。旧同僚や上司との関係を維持したい
切なさ、懐かしさ、諦め、終わりの実感	使命感、責任感、貢献感、懐かしさ、期待、安堵	喜び、寂しさ、肯定感、感謝	誇り、希望、絆の深さ、共感
返却が必要なアイテムのリストを提供し、返却プロセスを明確にする	アンケートや、匿名でのフィードバック方法を提供し、真摯に取り組む環境を提供	退職者の嗜好を十分把握した、おもてなしの心を持った送別会を開催	元従業員向けのイベントやセミナーを定期的に開催し、継続的な交流の場を提供

図 4.8 オフボーディングのエンプロイージャーニーマップ

イベント	退職通知	面談	社内通知	業務引き継ぎ
行動	上司や HR に退職意向を正式に通知する	上司や HR と個別の面談を実施する	HR や上司がその他の従業員に退職者の情報を通知	後任や関連部署の従業員と業務の詳細、進行状況、重要な情報を共有、引き継ぐ
思考	どう伝えたらよいのだろう? 上司や HR は私の決断を理解してくれるだろうか?	自分の意向や感じていることをしっかりと伝えたい	同僚たちは私の退職をどう受け止めるだろうか	後任や関連部署の人に困らせないように、必要な情報をしっかり伝えたい
感情	不安感、無力感、緊張感が交錯する	これからへの不安、心配、躊躇、安堵、達成感	不安、照れくささ、切なさ	責任感、貢献感、達成感、安堵感、寂しさ

対応策	オープンドアポリシーを推進し、従業員が感じていることを自由に話せる環境を提供	アンケートや第三者の中立的な立場の人材を交えた面談を設定し、客観的な意見やフィードバックを収集	退職者の意向を尊重し、適切なタイミングと方法で社内に通知	引き継ぎの手順やチェックリストを用意し、スムーズな移行をサポート

1on1のあり方をジャーニーマップで問い直す

ここまで見てきたのは中長期間をとらえたエンプロイージャーニーマップの例ですが、ジャーニーマップはごく短い期間や個別の施策、イベントについて用いることも可能です。たとえば、現在社内で行っている1on1についてエンプロイージャーニーマップを描いてみると、それが従業員にとってどのような体験になっているのかが見えやすくなり、課題の発見や改善につながるかもしれません。

図4・9はEXの質を下げてしまう1on1の典型例をジャーニーマップにしたものです。

図4・10はEXの質を高める1on1のジャーニーマップの例です。このように、自社で1on1を行う意図に基づき、従業員に提供したい体験、持ってほしい感情を整理することで、1on1の各フェーズでどのような行動がなされればよいのかが明確になります。実施するマネジャーにとっても、闇雲に問いを投げかける場合に比べて部下の役に立てて

図 4.9　ＥＸの質を下げる 1on1 のエンプロイージャーニーマップ

	1on1 前	1on1 開始	1on1 中	1on1 終了	1on1 後
行動	特になし	何か近況は？と無茶振りされる	なぜ目標達成できないのかと詰められる	上司の一方的な説教を聞かされる	特になし
思考	また上司に目標未達に関して詰められるかもしれない	信頼関係のない上司に特に相談することもない	自分でもなぜどのように目標達成できるかわからない	また昔話が始まったと思考停止	誰に何の相談をしていいのか分からない
感情	後ろ向きの気分、憂鬱、不安	惰性感、無力感	否定された気分、不安	無力感	孤独感、憂鬱、モヤモヤ

図 4.10　ＥＸの質を高める 1on1 のエンプロイージャーニーマップ

	1on1 前	1on1 開始	1on1 中	1on1 終了	1on1 後
行動	事前に上司に相談したいことを伝えておく	事前に伝えたポイントについて解説	上司から的確な質問とアドバイスを受ける	上司と共に学びを振り返り、次のアクションを決める	明らかになったアクションプランを実行
思考	自分自身が 1on1 を有効活用するために準備する	自分自身で課題の構造がわかり始める	見えてなかった視点や問題の構造に気づける	次回までにやるべきことが明確になった	次回の 1on1 で報告することと相談することを決めよう
感情	受容感、学びたい、成長したい	自己決定感、学ぶ喜び	自己理解感、ワクワク、期待	自己肯定感、前向き、楽しさ	貢献意欲、前向き、成長意欲

いる実感を得られるのではないでしょうか。

エンプロイージャーニーマップは部下の目線ではなく上司の目線で書くことも可能です。図4・11はEXを低下させる1on1を上司の目線でジャーニーマップにしたものです。このように整理してみると、上司の側でも1on1に難しさを感じていることや、部下について直接は言えない思いがあることが明らかになり、状況改善の手がかりに活用できます。部下に共有し対話することができれば、相互理解が深まり、望ましい1on1のあり方を共に考えられるかもしれません。図4・12はEXの質を高める1on1の、上司の目線によるジャーニーマップです。

2つの1on1EXを比較してみると、1on1が始まる前の「事前準備」がとても重要であることが分かります。1on1する方、される方もそれぞれが有意義な時間を持つための頭と心の整理がされた状態で臨むことがポイントです。また1on1の終わり前に「内省」「学びの共有」の時間を持つことで個人と組織の学びと成長を加速させることが分かります。

他にも、成果を上げた社員の表彰制度、全社ミーティング、社員旅行、幹部合宿など、

図 4.11　ＥＸの質を下げる 1on1 のエンプロイージャーニーマップ（上司の視点）

	1on1 前	1on1 開始	1on1 中	1on1 終了	1on1 後
行動	特になし	信頼関係も十分できていないので気まずい沈黙が続く	話すテーマも見つからずとりあえず業務の進捗の確認、一方的なアドバイスを行う	ついつい説教じみたこと、昔話で終わる	特になし
思考	また部下が何も話してくれないかもしれない	やる気のない部下になぜ自分がこんな無駄な時間をとる必要があるのだろう	なぜこんな単純なことができないのか、自分には理解できない 厳しく言ってパワハラと思われても困る	何度伝えても理解してもらえないので疲れてきた	また次回の 1on1 があることが嫌だし、部下に退社されたら自分の評価も下がってしまう
感情	憂鬱、不安、面倒な感じ	やらされ感、嫌悪感	怒り、諦め感、恐怖感	無力感、惰性感	無気力、不安、モヤモヤ

図 4.12　ＥＸの質を高める 1on1 のエンプロイージャーニーマップ（上司の視点）

	1on1 前	1on1 開始	1on1 中	1on1 終了	1on1 後
行動	事前に部下にどんなテーマで 1on1 を行なってほしいのか、自分が何を伝えたいのかを確認しておく	自ら自己開示しアイスブレークしながらエンゲージメントを高める	部下から提示されたテーマをもとに対話しつつ適宜アドバイスを提供する	部下と共に学びを振り返り、次のアクションを決める	タイミングを見て部下の状況を確認しフィードバックを行う
思考	部下がどんなテーマに関心を持っているのか興味を持つ	部下のテーマに思考を巡らせながら、自分の経験に結びつけ、どんな価値提供ができるか考える	部下の悩みに自分の過去を重ね合わせ、他人に貢献しつつ自分も成長ができたと実感する	次回までにお互いにやるべきことが明確になった	前回の 1on1 のテーマからの学びを意識しながら、部下の成長にいかに貢献できるかを考える
感情	親近感、楽しみ、期待感	他人の成長に関われる喜び	自己・他者理解感、喜び、学ぶ嬉しさ	共同決定感、前向き、楽しさ	前向き、貢献意欲

さまざまな施策やイベントにジャーニーマップは活用できます。ＥＸ向上を目的とする新たな施策を始めるときには必ずジャーニーマップを書いて、意図した体験・感情につながるかをチェックすることをおすすめします。また、よかれと思ってやっているものの今ひとつ従業員から良い反応が得られていない取り組みや、形骸化している制度などについて書いてみると、改善のヒントが見つかるかもしれません。

ピーク・エンドの法則を用いてEXを高める

エンプロイージャーニーマップを書いてみると、一連の経験の中で特に感情に大きな影響を与える要素がどこにあるかが見えやすくなります。エンプロイージャーニーマップの活用にあたっては、そうしたポイントをとらえて働きかけを行うとよいでしょう。ここで参考になるのが「ピーク・エンドの法則」です。

ピーク・エンドの法則とは、人は特定の出来事に対して、最も感情がたかぶったとき（ピーク）の印象と、最後の印象（エンド）によって、その経験全体について判断する傾向があるという法則です。ノーベル経済学賞を受賞したダニエル・カーネマンが提唱した、満足度予測についての考え方に基づいています。

たとえば、ある映画を観たとき、映画の中で最も感動的なシーン（ピーク）と、映画が終わったときの感情（エンド）が強く印象に残ることがあります。この場合、映画の全体的な評価は、ピークとエンドの感情に基づいて形成されることになります。

ディズニーランドでの体験もこの法則に従っているように思えます。入場時の長い待ち時間の後にアトラクションに乗ったときの感動（ピーク）があり、帰り際にはパレードとお土産の買い物（エンド）。そうした流れが印象を強め、全体の満足度を高めているのではないでしょうか。

ピーク・エンドの法則は、人が経験するあらゆる種類の経験に適用することができます。この法則を意識することで、人は自分自身や他人の経験に対して過剰に反応することを避けることができますし、ある体験をより良いものにするヒントを見つけることもできます。

ピーク・エンドの法則を用いてＥＸを向上させるにはどうすればよいか、いくつか例を挙げてみましょう。

・**パフォーマンスレビュー**……パフォーマンスレビューのプロセスにおいて、最も良い評価が得られる部分をピーク、今後のキャリアプランや成長につながるアクションプランをエンドに配置する。社員のモチベーションやキャリアアップにつながりやすくなると期待できます。

・**フィードバック**……１ｏｎ１の中でフィードバックを行う場合、最も良かった点をピーク、今後の改善点やアクションプランをエンドとするとよいでしょう。

・**組織の歓迎会**……新入社員の歓迎会では、最も楽しいイベントをピークとして企画し、会社のビジョンや目標をエンドのフェーズで改めて伝えます。会社への理解・愛着、定着率やエンゲージメントの向上につながることが期待できます。

・**スキルアッププログラム**……スキルアッププログラムや研修においては、今後最も有用となる内容をピークに、プログラムで習得したスキルや知識を今後どのように活用するかを考えるフェーズをエンドに配置します。スキルアップや成長によりつながりやすくなるでしょう。

本章では、ＥＸを高めるために「時間軸」を意識して施策を設計することの重要性と方法について解説しました。人の体験はどれも時間の中で進んでいくプロセスです。体験設計においては、特に印象に残る点だけでなく、その前後や全体の流れにも注意して取り組む必要があります。現在行われているさまざまな施策や制度についても、時間軸を意識してそのあり方を問い直してみると、よりよい従業員体験にするためのヒントが見えてくるのではないでしょうか。

第５章
ＥＸデザインの実践事例と応用のヒント

この章では、自社の課題に合わせて従業員体験（ＥＸ）の設計・提供に取り組んでいる企業の事例を紹介していきます。

もっとも、ＥＸデザインの取り組みに一つの正解はありません。そのまま真似をするのではなく、個々の事例を参考にしながら、自社に適した施策を考えていただければと思います。

中途入社者のエンゲージメントを高め、共に成果を出す組織をつくる（カカクコム・インシュアランス）

多数の保険商品の一括比較や相談ができる総合保険比較サイト「価格.com 保険」を運営する株式会社カカクコム・インシュアランスでは２０２２年、中途入社者のエンゲージメントを高めることを目的にオンボーディングプログラムを設計しました。

同社は社員数約１５０人、30代のミドルマネジメント層が多く、男女比はほぼ半々という構成。10年前はまだ社員数約30人の会社だったそうで、事業が急速に拡大してきた会社です。成長に伴い年間10～20人ほどが中途採用され入社しています。人事担当の方々がオンボーディングプログラムを必要と考えたのには、次のような背景がありました。

・業務内容が細分化し、新しい社員が会社全体を把握しにくくなった。
・知見の共有がされにくく、会社にスムーズに適応するのが難しくなった。

・在宅勤務の定着によりコミュニケーションの難度が高まった。
・入社後の研修はあるが配属後のフォローに不足感があった。

規模拡大中の会社ではよく見られる課題かもしれません。また、ベンチャー企業にはありがちなことですが、創業間もない頃に入社した社員と、過渡期に入社した社員、近年入社した社員とでは仕事への意識や会社に求めるものが異なり、意識のズレが気になるようにもなってきたとのこと。オンボーディングプログラムの導入には、中途採用者のスムーズな適応だけでなく、既存社員間の意識の差を縮めていくという目的もありました。

プログラムの作成にあたったのは社内の6人のメンバーです。30代から50代まで、入社時期や業務内容がなるべくかぶらないように選抜されました。役職的には部室長、すなわちミドルマネジャーです。経営と現場を結節するミドルマネジメントが中心となって取り組むことが必要という考えからでした。

メンバーは約半年間、以下の流れでプロジェクトミーティングを重ねました。

(1) ゴールと検証方法を決める……オンボーディングの状態目標を作り、新規入社者の「満足」が高まっている状態を具体化する。状態目標にひもづくオンボーディング

の測定指標と項目を設計する

（２）**業務・風土理解の促進行動を定める**……仕事を教えるだけでなく社内ルール、風土等も含めた理解促進の施策を設計する

（３）**関係構築促進行動を定める**……自部署内はもちろん部署をまたいだ関係構築を行うための施策を設計する

（４）**目標設定を通した成果実感・貢献実感の演出方法を定める**……新規入社者が成功実感を持つための目標設定方法、目標達成や成果に対して組織ぐるみで承認・称賛を行う仕掛けを設計する

（５）**オンボーディングプログラム案を定める**……ここまでの施策案をまとめ、オンボーディングプログラムの全体像を完成させる

（６）**組織内での啓蒙**……オンボーディングプログラムの説明会を行い、全部室長へその必要性と具体的内容の共通認識をつくる

こうして生まれた入社後３ヶ月間を対象期間とするオンボーディングプログラムでは、次のゴールと状態目標が設定されました。

〈ゴール〉

新規入社者が1年後、満足度の高い状態にある

〈満足度を測るための1年後の状態目標〉

①成果を出す上で必要な知識、スキル、カルチャーが分かり、成果を出すまでのロードマップが描けている

②上司・同僚と良好な関係が築けている

③社内で誰が何を知っているか、相談先が分かっている

④成果が上司・同僚から認められている

こうした目標を定めた上で、入社から1ヶ月後、3ヶ月後などの時点でどのような状態になっているかを想定し、中途入社者が業務・職場に満足度高くなじんでいくために必要な機会やサポートを設計しました。たとえば、以下のような取り組みが生まれました。

・**メンターによる面談**……自本部内以外の社員がメンターに就き、3ヶ月間、毎月1度の面談を実施。

・**他部署メンバーとの交流**……入社２ヶ月を目途に自部署で同じ業務を行っている方、関連性がある他部署の方とのランチを実施。
・**プレ目標設定**……入社直後は人事評価対象外期間とし「プレ目標」を設定。その間、ＯＪＴでのコミュニケーションを強化。

プログラムの策定に関わった人事総務部長の武藤さんは次のように述べています。
「具体的には、１ヶ月後や３ヶ月後にどのような状態になっているのかを想定し、彼らが業務になじむまでどれくらいの時間が必要なのか、そしてどのくらいサポートがあれば満足度高く職場になじんでいけるのかを考えることが重要です。こちらから押しつけるのではなく、彼ら自身からなじんでいくように意識づけることが必要だと思います。今回、オンボーディングプログラムを一緒に設計する中で、この視点の重要性を改めて感じました」

プログラムが運用開始され、効果は着実に出てきているようです。オンボーディングプログラムを終えた中途入社者からは、「会社のことや他部署のことを最初に知る機会があって本当に良かった」「テレワークの影響もあって他部署の人と話す機会がなかなかなく、前職では関係構築に時間がかかったので、良いプログラムだと思います」といった声が寄せられています。

また、受け入れ部署の管理職にとっても、具体的にいつまでにどんな施策を行うかが明確になり、中途入社者への対応がしやすくなったようです。社内すべての本部の業務説明も行ったことで、配属された部署だけでなく関連する他部署のメンバーも新規入社者を認識することができ、コミュニケーション上も利点を感じているとのこと。

ブランド推進室長・経営企画室長の香野さんは、今後の課題として、採用段階の取り組みを挙げています。

「オンボーディングの前段階、つまり採用時のマッチングが非常に重要だと思います。入社希望者がスキルセットや報酬以外の要素で、何にエンゲージメントしてくれるのかを明確にする必要があると考えています。当社では2年前に会社のミッション、ビジョン、バリューを設定したのですが、それに共鳴した方々に入社してもらいたいと思っています。そうすることで、入社前の期待と入社後の実感とのギャップが縮まると思っています。会社として外部に適切に発信するためにやれることはたくさん残されていますし、採用面接の際にもしっかり確認できる仕組みを整えていきたいと思っています」

理念を丁寧に共有し、多様なコミュニケーション機会をつくる（グロービス）

グロービスは「経営に関するヒト・カネ・チエの生態系を創り、社会の創造と変革を行う」ことをビジョンに掲げる企業です。筆者の一人（松林）が教員を務めている、日本最大規模のＭＢＡとして知られるビジネススクール（グロービス経営大学院）、企業内研修、スクール型研修、ベンチャーキャピタル（グロービス・キャピタル・パートナーズ）、定額制動画学習サービス「GLOBIS 学び放題」など、さまざまな事業を日本だけでなく世界各国で展開しています。

同社は Great Place To Work® Institute Japan（GPTW Japan）が発表する、日本における「働きがいのある会社」ランキングに10年連続で選出されています。また『日経ビジネス』が社員口コミサイトを運営するオープンワークと共同で作成した「社員の士気が高い企業ランキング」では9位にランクインしています（『日経ビジネス』２０２４年1月29日号より)。長年にわたって良好なEXを従業員に提供している会社と言えるでしょう。

ここではEXを豊かにする上で重要な要素となる「コミュニケーション」について、同社の取り組みを紹介したいと思います。


一つのポイントは、理念や価値観の共有を丁寧に行っていることです。「ビジネスを通しての社会貢献」「自己実現の場の提供」「理想的な企業システムの実現」といった経営理念、事業指針、行動指針などの「グロービス・ウェイ」を採用段階から共有しており、それが働きがいや士気の高さにつながっていると考えられます。

もっとも、経営理念や行動指針を語るだけなら多くの企業で行われていることでしょう。グロービスの取り組みで特徴的なのは、従業員としてどのようなことを意識し行動することが求められるのかを細かく言語化し、丁寧に継続的に共有していることです。

全社員に配布されている「GLOBIS Staff Book」という冊子があります。創業15年に際して、グロービスの理念や行動指針をまとめて制作されたものです。この冊子の中で、ビジネス・ウェイ、リーダー・ウェイ、ミーティング・ウェイ、オフィス・ウェイなど、仕事上のさまざまな事柄に関しての指針が事細かく記されているのです。

コミュニケーション・ウェイの項目では、社内のコミュニケーションに関する指針、注意点が記されています。「ロジカル」「明瞭」「一貫性」などを大切にしようという指針とともに、「ポジティブ」「ハートフル」「共感」といったことも指針として挙げられています。受け手の感情を配慮したコミュニケーションへの意識付けを全社的に行っていることは、ＥＸに良い効果をもたらしていると考えられます。

また、グロービスではこの「GLOBIS Staff Book」の内容の共有とアップデートが定期的に行われています。堀義人代表と共に全文を読み合わせする場が毎年設けられ、全社員が参加しています。内容を全社員で確認し、さまざまな「ウェイ」の背景の説明を代表自らが行い、質疑応答を通して対話します。ウェイは時代に応じてされており、最近ではワークスタイル・ウェイ、デザイン・ウェイなどが追加されています。グロービスには本書執筆時点で８００人ほどの社員がいるため読み合わせは十数回に分けて泊まりがけの合宿（リトリート）で実施し、基本的に全社員に参加が推奨されています。これほど丁寧に価値観の言語化と共有、アップデートを行っている会社は稀だと思います。

もう一つのポイントが、部門、性別、年齢、役職、国籍などにとらわれずに頻度高く多様なコミュニケーションが誘発される仕組みやイベントが多数設けられていることです。

具体的には、全社的に実施されている１ｏｎ１、ＭＢＯ面談、アニュアルインタビューなどの制度的なコミュニケーション機会のほか、社員旅行、テーマを決めて集まる懇親会も兼ねた「ギャザリング」、課題図書をそれぞれ読んできて感想を語り合う読書会、気軽に参加できるランチ会、イヤーエンドパーティー、クラブ活動などもあります。これらは対面のコミュニケーションですが、非対面でも、「グロービス・ウェイ」をベースとした360度フィードバック、イベントごとに行われるアンケート調査などがあります。

これらのイベントや仕掛けを縦軸に公式（フォーマル）・非公式（インフォーマル）、横軸に直接的（対面、対話）・間接的（サーベイ、オンライン、媒体）をとって表現したものが**図5・1**です。

また、経営管理本部によって全社的に実施している施策やイベントにとどまらず、必要に応じて部門や部門横断チームが独自にイベントを企画しています。個人の発案により行われることもあります。

あくまでも筆者の感覚ですが、イベント等の対面のコミュニケーション機会に対して、グロービスは一般的な企業よりも倍以上のリソースを使っているように感じます。それだけコミュニケーションが重要だという認識が社内に浸透しているということです。

多くのコミュニケーション機会やコミュニケーションを誘発させる仕組みを意識的に設

図 5.1　グロービスのコミュニケーションポートフォリオ

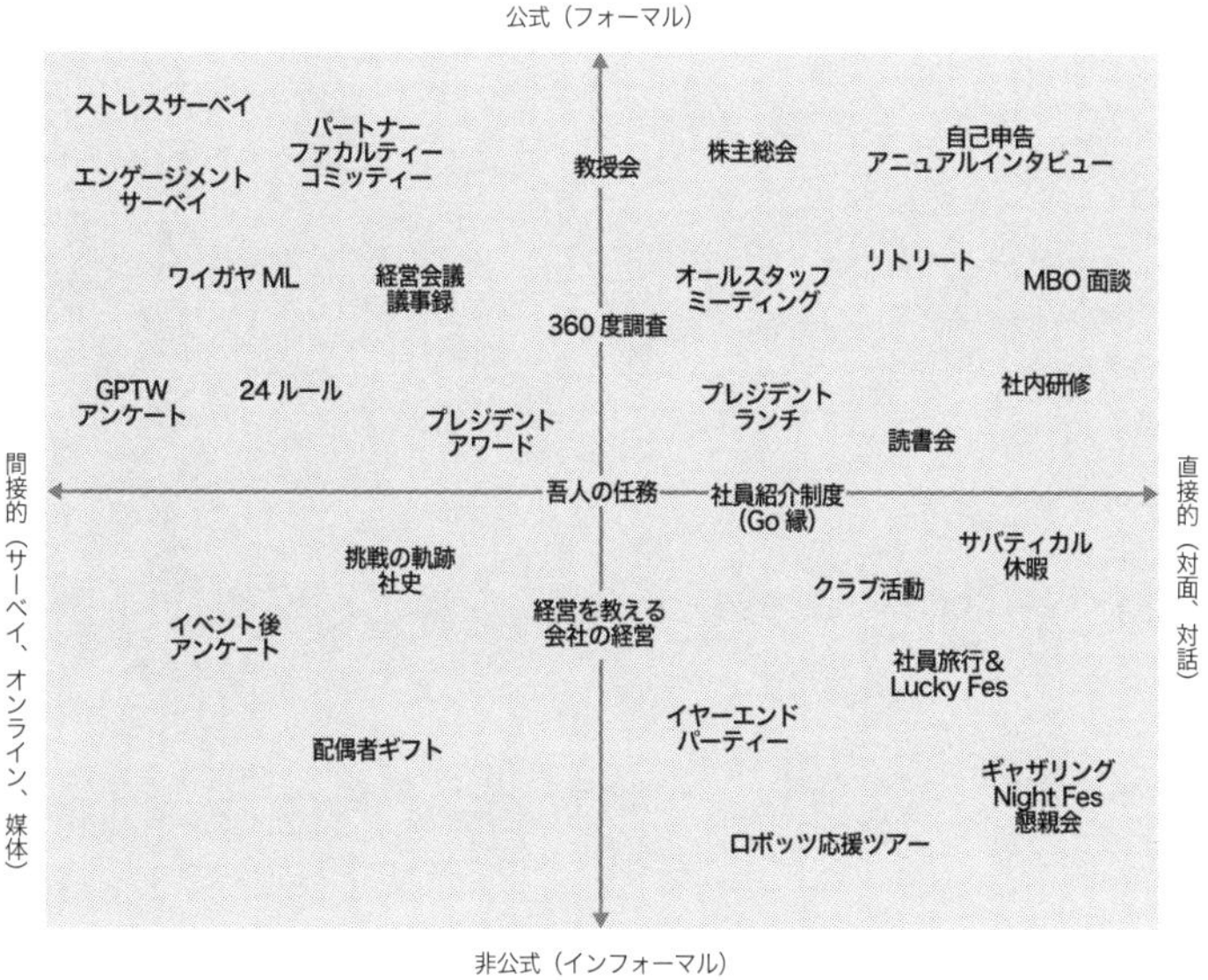

出所:『経営を教える会社の経営』（グロービス著、内田圭亮執筆、東洋経済新報社、2023 年）およびグロービス社内資料をもとに筆者作成

けている結果として、豊かなＥＸが生まれ、グロービスは働きがいの高い会社であり続けているのでしょう。

なお、グロービスのさまざまな取り組みについては『経営を教える会社の経営』（グロービス著、内田圭亮執筆、東洋経済新報社、２０２３年）に詳しく紹介されています。

「全員参加の組織づくり」が豊かな従業員体験を生み出す（NEWONE）

最後に、筆者の一人（上林）が経営する株式会社NEWONEでの取り組みについてご紹介したいと思います。

「一人ひとりの可能性を切り拓き、自分らしく生きる社会を作る」というミッションと、「すべての人が活躍するための、エンゲージメントを」というブランドプロミスを掲げるNEWONEは、人事・組織コンサルティングや人材開発・組織開発などのサービスを大手上場企業から中小企業まで規模も業種もさまざまな会社に対して提供しています。

従業員数は業務委託も含めて82人（2024年2月時点）で、男女比は57：43で役員・管理職の約3割が女性です。3年後社員定着率は100％となっており、アトラエの組織診断サービスWevoxを使ったエンゲージメントスコアも平均値を大きく上回っています。総じてエンゲージメントの高い組織ができていますが、その背景には豊かなEXを提供するためのさまざまな取り組みがあります。ここで強調しておきたいのは、ＮＥＷＯＮＥは約80人の比較的小規模な組織であること。そのため大企業の真似はできないものの、中小企業だからこその強みを活かすという視点でＥＸデザインに取り組んでいます。以下、いくつかの施策をご紹介します。

ＥＸのコンセプトとなる３つのカルチャー

組織づくりで目指すものとして３つの視点でカルチャーを定義しており、これがＥＸデザインにおけるコンセプトにもなっています。

「Each One is NEWONE」

・全員がミッションや会社を「自分ごと」化し、一人ひとりの可能性を切り拓き自分らしく生きる人を増やしたいと、自らアクションをする
・メンバーそれぞれが自分なりに仕事を面白く工夫しながら、事業・サービス創造や組織づくりを行う

「チャレンジを讃え合う」

・新しいことにどんどんチャレンジしていく文化
・たとえ失敗しても、そのチャレンジを讃え合えるチーム
・部署やポジションに縛られず、みんなで楽しく働く

「言行一致→自社がモデル」

・新しいことを試行錯誤し、「みんなでやる」ことを大事にする
・制約やマイクロマネジメントを極力存在させない
・組織コンサルティングの事業に誇りを持ち、自社がモデルとなれるよう常に組織改善に努める

みんなでチームのクレド（行動指針）をつくる

理想のチームを実現するための行動指針を、トップダウンで示すのではなく、社員間の対話を通じて考え、作りました（図5・3）。チームの行動指針やルールはメンバーが自分たちで作った方が、納得感があるものができ、守ろうという意識になるものです。組織の

図 5.2　NEWONE のメンバー構成等

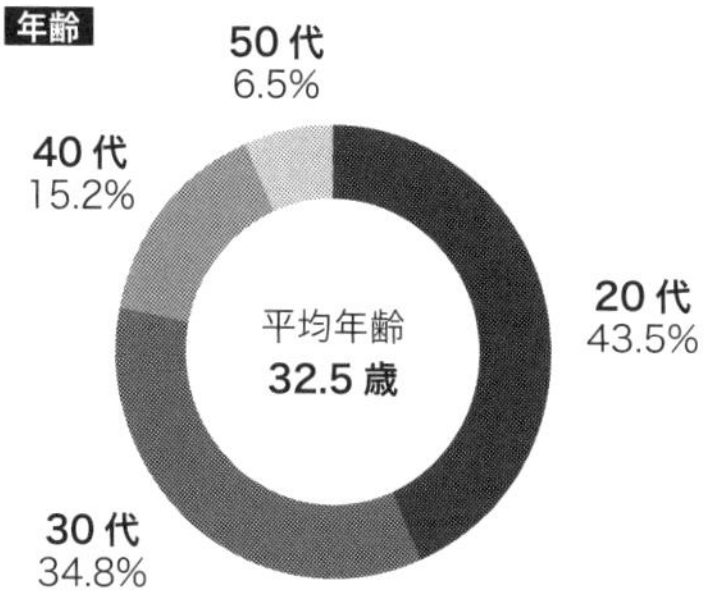

メンバー

正社員数　**44 名**
業務委託　**38 名**

男女比　**57%：43%**
役員に占める女性割合　**33%**
管理職に占める女性割合　**28%**

休職率　**0%**
3 年社員定着率　**100%**

（2024 年 2 月現在）

図 5.3　NEWONE のクレド

No Try, No NEWONE

NEWONE は実験所であり、実験体。「働く」をリードし続けるために、新たな「働く」を真っ先に自分たちで試し、その経験から新たなサービスを生み出し続けます。

Build a Trust, Unite Us

必要以上に人への「関わり」を大事にする会社。立場や年齢に関係なく、社内メンバー、お客様との「本気の関係性」を築くことが当たり前。徹底的なおせっかい精神で関わり続けます。

Each One is NEWONE

NEWONE のために「ひとりひとり違う色」で自分がどうするべきかを考えるメンバーの集合体。「主語は NEWONE である」という「同じプラットフォーム」を大事にしています。

Amuse Us, Bloom Us

「面白い仕事」を極めるのではなく、「仕事を面白くする自分」を極める。我々 NEWONE は「面白い仕事」以上に「仕事を面白くするスキルの高い人材」が溢れる会社です。自分なりの工夫や考え方で、毎日の仕事に彩りを与えます。

重要な方針づくりに参加する体験は、主体性の意識や自己効力感、貢献実感につながります。

こうしたことを全員参加で決めるのは一定規模以上の大企業では難しくなるため、これは中小規模だからこそ可能な取り組みだったと思います。

みんなでチームを応援する——アルティーリ千葉応援プロジェクト

NEWONEの社員は誰でも手挙げ制で新たなプロジェクトを提案し、承認を得ると会社のオフィシャルなプロジェクトとして発足させることができます。そのためメンバー主導のチャレンジがいくつも生まれています。

たとえば、NEWONEは2021年7月からプロバスケットボールクラブのアルティーリ千葉のスポンサー（パートナー企業）になっており、その応援プロジェクトが社員発で発足。バスケットボールにあまり関心のないメンバーのために社内で情報発信を行ったり、シーズン開幕戦をみんなで観に行ったりしています。活動を通して社内でアルティーリ千葉のファンが増え、社員同士で観戦に行くことも増えて、社員間の関係性の強化に大きく寄与しています。

ちなみに、アルティーリ千葉は２０２０年にできたばかりのクラブで、突出した才能に頼らずみんなで良いチームをつくっていこうとしています。そうしたチームづくりのスタイルに共感し、創設初年度からスポンサーとなったのです。当時創業5年だったＮＥＷＯＮＥにとっては大きな投資でしたし、まだ実績のないチームの支援にはリスクもありましたが、結果として自社のエンゲージメントの向上につながるＥＸが生まれており、投資の決断は大正解だったと考えています。

一人ひとりにスポットライトを当てる

会社の中にはさまざまな職務があり、成果がわかりやすく見えやすい営業的な仕事もあれば、バックオフィスのあまり目立ちにくい仕事もあります。ＮＥＷＯＮＥではチャレンジや活躍を讃え合うことを大切にしようと表彰などを行っていましたが、表彰ではどうしても前者のような職種の人ばかり目立ちがちです。そこで、スポットライトの当たりにくい人にも皆が意識を及ぼし、讃えることを促進するため、組織内で感謝の気持ちや少額のインセンティブを送り合うことができるプラットフォームUnipos（ユニポス）の利用を開始。日々、あらゆる職種の人たちが互いに感謝を伝え合っており、貢献実感につながっています。

また、社員一人ひとりにスポットライトを当てることを目的に、働く人のストーリーやノウハウを記事として掲載する広報・ＰＲプラットフォームtalentbook（タレントブック）の利用を開始。新入社員からベテラン、社長までさまざまなメンバーのインタビュー記事を発信しています。

評価を「自分ごと」にする——評価者を自分で選べる評価制度

人事評価は従業員体験に非常に大きな影響をもたらすことがあります。自分があまり評価されていないと感じたり、過大な評価や期待をかけられプレッシャーを感じたり、同僚との間で不公平感を覚えたりすると、エンゲージメントの低下やひどい場合には離職のきっかけにもなり得ます。

人が人を評価する以上、一つの絶対的な正解は存在しませんが、だからこそできるだけ納得感のある評価制度にしていくことが求められます。

ＮＥＷＯＮＥでは早くから３６０度評価を導入し、周囲のさまざまなメンバーから評価を受ける仕組みにしています。評価を受けたい人（上司含め８名）を自ら指名し、その平均点で評価されるので、上司や人事担当者が一方的に評価するのに比べて評価結果への納得感が高く、たとえ厳しい評価であったとしても受け入れやすいようです。

制度導入の意図は、評価を一人ひとりにとって「自分ごと」にすること。上の立場の人が評価するのではなく、自分自身が評価のあり方に関わることで、より主体的に評価に向き合うことができ、次の行動につなげていく意識も強くなります。これはＥＸを高めていく上で大きな効果があるため、読者のみなさんにもぜひ、自社の状況に合わせつつ、評価を自分ごと化する工夫を考えてみてほしいと思います。

第6章
「参加できる組織」の時代

経験経済から変革経済へ——ますます求められる「学び」「成長」の経験

20年以上前、米国の経営コンサルタント、パインとギルモアが「経験経済」という概念を提唱しました。コモディティ、製品、サービスに続く第四の経済価値として「経験」を挙げ、経験こそが今後の経済成長の鍵であると説いたのです。体験価値の時代を予見した優れた洞察ですが、彼らは「経験」という経済価値の次にもう一つ、最終的かつ最高の経済価値があると述べています。1998年に出された二人の著書『経験経済』[1]で語られているその価値とは「変革」です。経験経済の先には「変革経済」が訪れると二人は主張しました。

変革経済とは何でしょうか。それは自分自身が変わること、なりたい自分になることが、重要な経済価値になることを意味します。顧客は「新しい自分」を買い求めるようになる。パインとギルモアはそう喝破したのです。

たとえば、フィットネスクラブに通って健康で若々しい自分を保つこと、トレーニングを受けて英語を自由にしゃべれる自分になること、コーチングを受けてより思慮深く有能なマネジャーになることなどが「変革」という経済価値に該当します。それも一種の体験価値だと思われるかもしれませんが、おいしいものを食べて満足するというような「経験」と、理想の自分を手に入れる「変革」とは質的に大きく異なります。「変革経済」では自分が変わることそのものが価値であり、その価値はきわめて個人的なものです。顧客は単なる消費者やサービスの利用者ではなく「変革志願者」であり、企業は顧客を変革に導くガイドとなる。そんな変革経済のあり方が『経験経済』では語られています。

パーソナルトレーニングジム、マンツーマンの英語学習、リスキリングのためのオンライン講座、コーチング、ヨガやマインドフルネスなどのビジネスの広がりは「変革経済」がすでにあちこちで生じていることを示していると言えるでしょう。ライザップの「結果にコミットする」という有名なキャッチコピーを「変化を約束する」という意味だととらえると、まさに「変革」が売られているのだと思えます。

顧客が求める経済価値が「経験」だけでなく「変革」へと広がっていく時代、働く人が求める価値はどのようなものになっていくのでしょうか。これからの時代、会社が従業員に選ばれ続けるためには、「経験」だけでなく「変革」としてのＥＸを提供することが、ますます大切になってくると言えそうです。学びや成長実感、自己変容や自己実現の手応えを得られるような従業員体験（ＥＸ）がますます求められるということです。

デジタル化やＡＩの普及などさまざまな環境変化により仕事のやり方が大きく変わってきた中、職場で「人を育てる」ことの難しさが増しています。

第１章で触れたように、中高年世代が自分の経験をたどるように若手を教えることはもはや効果的でないばかりか、旧来型のスタイルで「指導」するとパワハラになるかもしれません。職場にいる人が多様化している中、画一的な研修は機能しにくくなっています。「学び」や「成長」というＥＸがますます求められる一方で、教えること、育てることはますます難しくなっているのです。

筆者らは、人を「育てる」のではなく、人が「育つ」ことを支援するというスタンスでの取り組みが大切だと考えています。つまり、人が自ら能動的に学び成長していけるような環境・機会を整えることこそ、これからの人材育成の鍵であり、「学び」や「成長実感」などのＥＸを充実させる鍵だと思うのです。

働く人が主体的に学び成長していくことをサポートするツールとしても、エンプロイージャーニーマップやそれを使った対話は役立ちます。さまざまな仕事体験について自分の行動・思考・感情を振り返り、対話することを通して、成長へのヒントや気づきを得ることができるでしょう。

意見を言い合える文化をつくる――EXで心理的安全性を高める

人が組織の中で積極的にチャレンジし、成長していくためには、心理的安全性があることが重要と言われています。

心理的安全性（サイコロジカル・セーフティ）は近年よく知られるようになった概念です。グーグルが生産性の高い組織の条件を研究した際に、鍵となる要素として見出したのが心理的安全性でした。組織のなかで自分の考えや感情を誰に対しても安心して表明できる状態のことを意味します。

日本ではその語感もあってか、「心理的安全性の高い組織」というと、やさしい組織、悪く言えば「生ぬるい組織」のようなイメージを持たれることが多いようですが、本来の意味は異なります。この概念の提唱者であるエイミー・エドモンドソン教授は、心理的安全性を「対人関係においてリスクのある行動をしてもこのチームでは安全だという、メンバー間で共有された考え」と表現しています。

つまり、率直に意見を言い合える、厳しい意見や他人と異なる意見を言っても大丈夫と思えるような状態を意味します。たとえば、上司の発言に対して違和感を覚えたときに「それはおかしいのではありませんか？」と率直に問うことができるのが、心理的安全性の高い状態です。

率直な意見交換やフィードバックが行えるチームでこそ、人はより成長することができます。

厳しい指摘をし合っても大丈夫と思えるためには、信頼関係や安心感を培うことが不可欠です。ここでもベースにあるのは「感情」です。エンプロイージャーニーマップや「違いを知る対話」などによって個々人の感情の理解や共有を促すことは、信頼関係の醸成を通じて職場の心理的安全性を高めることにもつながっていくと考えられます。

組織に「共創」を取り入れよう——参加することがEXを高める

また、人が主体的に学び成長する組織をつくる上で、効果的なアプローチになると考えられるのが「共創」です。

サービス業において、顧客がサービスの提供に積極的に参加することで満足度が高まる現象があることが知られています。「顧客参加」(Customer Participation) または「共創」(Co-creation) と呼ばれる現象です。

顧客参加は、顧客がサービス提供のプロセスに関与することで顧客体験を自ら向上させる機会をもたらします。つまり、顧客がサービスの価値を事業者と共同で創造するのです。顧客と事業者が協力して新しい価値を生み出すプロセスを共創と呼びます。それによって顧客満足度やロイヤルティが向上する可能性があるとされています。

たとえば、レストランのビュッフェは顧客が自分自身で料理を取りに行きますが、これはサービス提供の一部を顧客自身が担っているととらえることができます。自分の好きなものを好きな量だけ好きなタイミングで取ることができるビュッフェは一般に顧客の満足度が高く、また食べ残しも少ないため事業者にとってもメリットがあります。

また一人で運営しているバーで店長の手が回らないときに常連顧客がビールのサーブを手伝うような行為も「共創」です。お店の一員であると感じられる、そうした関わり方を好む常連客はいるものです。

アイドルなどの「推し活動」も広い意味において「共創」です。ファンが自分自身のお金を使って好きなタレントやグループを支え、プロモーションに貢献します。ファンがタレントを「育てる」プロセスに積極的に関与している点で、「共創」の一種と言えるでしょう。

顧客参加による共創が、なぜ顧客満足度を高めるのでしょうか。要因として、主に次の5つのポイントが挙げられます。

①**自己効力感**……顧客がサービスプロセスに参加することで、自分には影響を与える力があると感じることがあります。これは自己効力感を高め、顧客の満足度や信頼を向上させる可能性があります。

②**コントロール感**……顧客がサービスの一部を制御することができると感じると、結果に対する制御感が高まります。これは、サービスの結果や経験に対する満足度を高める可能性があります。

③**社会的関与**……顧客がサービス提供者と連携し、共創のプロセスに参加することで、社会的関与の感覚を得ることがあります。これは人間の基本的な社会的ニーズを満たし、顧客の満足感を高める可能性があります。

④**承認と評価**……顧客の意見や努力が評価されると感じると、顧客は価値あると感じ、サービスに対して肯定的な評価を持つ可能性が高くなります。

⑤**学習と成長**……共創のプロセスを通じて、顧客は新しい知識やスキルを学び、自己成長の経験を得ることができます。これも顧客満足度を高める要因となります。

サービスビジネスにおける「顧客参加」「共創」の概念は、そのまま組織マネジメントにおける従業員と組織の関係に当てはめることができます。つまり、「社員参加」や立場を超えた「共創」の機会を増やすことで、ＥＸを高めることができるのです。

組織における社員参加・共創によるＥＸへの効果を、先ほどの５つのポイントで整理します。

①**自己効力感**……従業員が組織の意思決定のプロセスに参加することで、自分には影響を与える力があると感じることがあります。これは自己効力感を高め、組織や仕事により主体的に関わる意欲を高める可能性があります。

②**コントロール感**……従業員が働き方や仕事のやり方を自ら制御することができると感じると、コントロール感が高まります。これは、仕事の結果やワークスタイルに対する満足感につながる可能性があります。

③**社会的関与**……従業員がマネジメント側と連携して組織の仕組みづくりや事業開発などのプロセスに参加することで、社会的関与の感覚を得ることがあります。これは人間の基本的な社会的なニーズを満たし、従業員の満足度を高める可能性があります。

④**承認と評価**……自分の意見や努力が評価されると感じると、従業員は自らの価値を感じ、その組織で働くことやマネジメントに対して肯定的に評価する可能性が高くなります。

⑤**学習と成長**……共創のプロセスを通じて従業員は新しい知識やスキルを学び、自己成長の経験を得ることができます。これも従業員の満足度を高める要因となります。

組織やチームの運営やプロジェクトの意思決定などに参画する機会を与えることは、従業員の満足度を高めるだけでなく、一人ひとりの力を引き出し、それにより結果的に仕事の成果を高めていくことにもつながります。

自己決定理論を提唱したエドワード・デシとリチャード・ライアンの研究によると、人間には基本的な欲求として、自己の行動を自分自身で決めたいという欲求（自律性の欲求）があります（図6・1）。ものごとを自分で決めているという感覚を持てることは、ウェルビーイング（幸福）やエンゲージメントにも影響すると考えられます。

組織やチームの運営においても、方針の決定に関わることができる、最終的な決定権限は持たないとしても決定プロセスのなかで意見を言える、決めることに関われる、といったことが重要です。

実際、NEWONEが実施した調査では、「目標設定」や「チームの方針」について自己決定感を持てることがエンゲージメントの高さと強い相関関係にあることがわかりました（図6・2）。なお、「働く時間」「働く場所」の自己決定感とエンゲージメントはあまり相関が見られませんでした。社員参加や共創をどのように進めるかを考える上で示唆に富む結果だと思います）。

図 6.1　自己決定理論における、人間の持つ３つの基本欲求

1. 自律性の欲求　自己の行動を自分自身で決めたいという欲求

2. 有能感の欲求　自己の能力を発揮し、証明したいという欲求

3. 関係性の欲求　周囲や社会と友好な関係を持ちたいという欲求

図 6.2　自己決定感とエンゲージメントの相関

		エンゲージメント				
		仕事に熱中できている	仕事に没頭しやすい	仕事をすると活力が出る	主体的に仕事ができている	仕事をするのが楽しい
自己決定できる対象	働く時間	0.26	0.23	0.25	0.28	0.29
	働く場所	0.27	0.23	0.26	0.24	0.27
	目標の設定	0.39	0.40	0.42	0.44	0.45
	チームの方針	0.37	0.41	0.41	0.50	0.47
	仕事の進め方	0.34	0.36	0.34	0.44	0.38
	キャリア設計	0.32	0.31	0.33	0.37	0.40

「自社の仕事の進め方（自己決定感）」と「働くことに対する認識（エンゲージメント）」の相関係数。数値が大きいほど強い相関がある。

出所：NEWONE

従業員体験の設計については、中小企業は大企業に比べて使えるリソースが限られるため不利だと考えられがちですが、参画機会をつくることに関しては、むしろ有利かもしれません。小規模な会社であればあるほど、会社の意思決定にメンバーが関わる余地は作りやすいのではないでしょうか。中小企業のマネジャーや経営者の方にはぜひこの点を意識して、社員参加と共創の機会を積極的に設けてほしいと思います。

情報をオープンにしよう——フェアであることがEXを高める

社員参加や共創の機会をつくっても、従業員が参加したいと思える組織でなければ、うまくいかないでしょう。組織やチームの意思決定や仕組みづくりに自ら参加したいと思えるためには、何が必要なのでしょうか。

きわめて重要なのが、情報をオープンにすること、できるだけメンバー間の情報格差をなくすことです。

コミュニケーションツールの発達によって情報の共有は格段に行いやすくなりました。一昔前の会社では、役職者の力の源泉は、突き詰めれば一次情報を持っていることにあったと考えられます。重要な情報を握っている一握りの人々がパワーを持つ。そんな構図が上意下達の階層型組織にはありました。しかし現代は、情報は誰もがアクセスできるものであるべきだという認識が一般的になっていますし、組織内では情報はできるかぎりオープンであるべきだという考え方も広がっています。

本来、同じ目的やビジョンを持って共に働く仲間であれば、同じ情報を知ることができるのは当然と言えるでしょう。むしろ旧来の情報格差を前提とした組織のあり方が不公正だったのではないでしょうか。情報が一部しか与えられないなかで仕事を頑張るというのは、ある意味、暗闇のなか全力でスポーツをするぐらいの難しさがあるように思います。

今日では多くの人がそうした不合理な格差に違和感や反発を覚えるようになっているのではないでしょうか。だれもが同じ情報にアクセスできるというフェアな状態をつくることは、それ自体として従業員の納得感、組織や経営に対する信頼感を高め、ＥＸを向上させる効果があるとも考えられます。

また、情報格差によって上下関係が存在すると、下位の立場にいる人はどうしても受身の姿勢になりがちです。人がその力を十分に発揮するためには、できるかぎり情報をオープンにすることが大切なのです。

組織内の情報をできるだけオープンにするといっても、情報は扱い方を誤ると大きな問題にもなりえるため、難しいという会社も多いはずです。社内が混乱するだけだと思う人もいるかもしれません。もちろん、個々の組織やチームの状態や、情報の性質によっても、オープンにできる範囲には違いがあるでしょう。重要なのは、１００％オープンにはできなくても、できるかぎりフェアな状態を目指し、その方針や考え方を社内で共有することです。経営上の配慮から一部オープンにできない情報があっても、その理由が合理的に示されれば、従業員の納得感や信頼感が大きく損なわれることはないでしょう。本質的に大切なのは、共に働く仲間は対等な存在としてフェアに扱われるという共通認識をつくることです。

ソーシャルアクションを起こそう――善良であることがEXを高める

会社が社会的責任を意識したアクションを積極的にとることも、EXに良い影響を与え、従業員の参加意欲を高めると考えられます。

勤める会社が社会的・環境的な課題に取り組み、問題解決に貢献していることは、従業員が自社に誇りを持ち、強いエンゲージメントを持って働くことにつながるでしょう。もちろん、企業の社会貢献活動はそれ自体に目的や意義があり、EXを高めることが主たる目的ではありませんが、結果としてEXを高める効果もあると考えられます。

すでに多くの会社が、気候変動をはじめとする環境問題、公正取引などの倫理的課題、ひとり親の支援や子どもの教育支援、地域社会への貢献など、さまざまな分野で社会的責任を果たす取り組みを実践しています。今後、そうした取り組みの質（どれだけ問題解決につながっているか、リソースは有効に使われているか、副次的な問題を生じていないか等）も、より問われることになるでしょう。

中小企業の場合、大企業のように多額の資金を要する社会貢献活動はできず、そんなことをする余裕はないという会社も少なくないはずです。しかし、社会貢献はお金がかかるものばかりではありません。自社の持つノウハウやネットワークを活かして、自社にできる範囲で可能な行動をとることが大事です。「社員参加」の機会として、取り組むテーマやアクションを従業員みんなで考える場を設けてもよいでしょう。


また、自社の組織文化や慣行、仕組みなどを変えていくことが、社会的課題に対するアクションになる場合もあります。人材の多様性を認め活用する企業活動のあり方として、ダイバーシティ（多様性）、エクイティ（公平性）、インクルージョン（包括性）を促進する動きが近年、世界的に強まっています。

性別や年齢、人種や国籍、障害の有無など、多様なバックグラウンドを持つ人が公正・公平に扱われ、それぞれの能力を十分に発揮できるような職場環境を整えることは、人材を確保する上でも、組織・チームの生産性を高める上でも、ますます重要になるでしょう。

一方で、世の中にはジェンダーバイアスをはじめとするさまざまな偏見があり、それが企業文化やマネジメントスタイルにも反映している例も少なからずあります。もし自社にそうした問題があるならば、それに取り組むことが足元から可能なソーシャルアクションと言えるでしょう。ダイバーシティ、エクイティ、インクルージョンを経営方針の中に取り入れる（たとえば女性管理職比率の目標値を設け、それに向けた人材採用・育成を行う）、研修等を通じて「アンコンシャス・バイアス（無意識の偏見）」についての気づきの機会を設けるなど、さまざまな施策が考えられます。なお、アンコンシャス・バイアスや多様性への理解を高めてよりインクルーシブな組織文化をつくっていく上でも、先述の「違いを知る対話」は役立つでしょう。

社会貢献に取り組むことと同様に、自社を本気でよい組織にしていこうとする動きは、従業員の経営に対する信頼感や組織への参加意欲を高め、ＥＸの向上につながるでしょう。

究極的には、善良な会社になることが、働く人を引きつけ、豊かなＥＸを生み出し、結果的に事業の成長や持続性をもたらすのだと言えるかもしれません。

「推せる職場」になれるか

すでに第1章で触れたように、２０１０年代から政府主導で「働き方改革」が推進され、多くの企業は以前に比べて働きやすくなりました。過重労働やハラスメントが減り、コロナ禍で進んだリモートワークの普及などにより働き方の自由度も高まったと言われています。しかし、「働きやすさ」が向上してきた一方で、「働きがい」は乏しいという問題が指摘されています。

「働きやすさ」は主に組織の機能的な面、規則や労働環境、ツールなどいわばハード面に左右されるところが大きく、比較的可視化しやすい、客観的に考えやすいものと言えるでしょう。一方、「働きがい」は仕事の内容や意味、また組織の価値観や目的、使命、文化といったソフト面に大きく左右されます。可視化しにくく、より個別的・主観的にとらえられるものと言えるでしょう。

会社内でＥＸ向上に取り組むとき、「働きやすさ」を高める施策の方が客観的に考えやすいため、そういう施策に飛びつきたくなるかもしれませんし、早く導入できるかもしれません。もちろん、それが必要な場合もあるでしょうが、多くの企業では「働きがい」を高める方がより重要な課題であることを忘れないでください。自社では今どちらの施策を優先するべきかという視点を持っておくことをおすすめします。

NEWONEでは、「働きやすさ」と「働きがい」を縦軸と横軸にとった4象限で組織の状態をとらえる枠組みを用いています。昨今増えているのは、働きやすいものの働きがいを感じにくい「優しすぎる職場」のようです（「ゆるブラック企業」はこれに該当します）。このように分類したとき目指すべきなのは、働きやすくて働きがいも感じる職場であり、これを「推せる職場」と表現しています（図6・3）。

マーケティングの分野では、顧客がその商品・サービスを他者に推奨するかどうかを指数化したネットプロモータースコア（NPS®）という顧客ロイヤルティの指標があり、エンゲージメントの測定ではこれを応用したeNPSがよく用いられています。「推せる（推奨できる）かどうか」はエンゲージメントの最もわかりやすい指標なのです。この考え方をもとに、「自分が働く職場は他者に〝推せる（推奨できる）〟職場か」という問いに回答してもらったところ、働きやすさと働きがいの両方が高い職場にいる人たちは「とてもそう思う」「そう思う」の合計比率が59％と、4類型のなかで最も高い結果となりました。

図 6.3 「推せる職場」

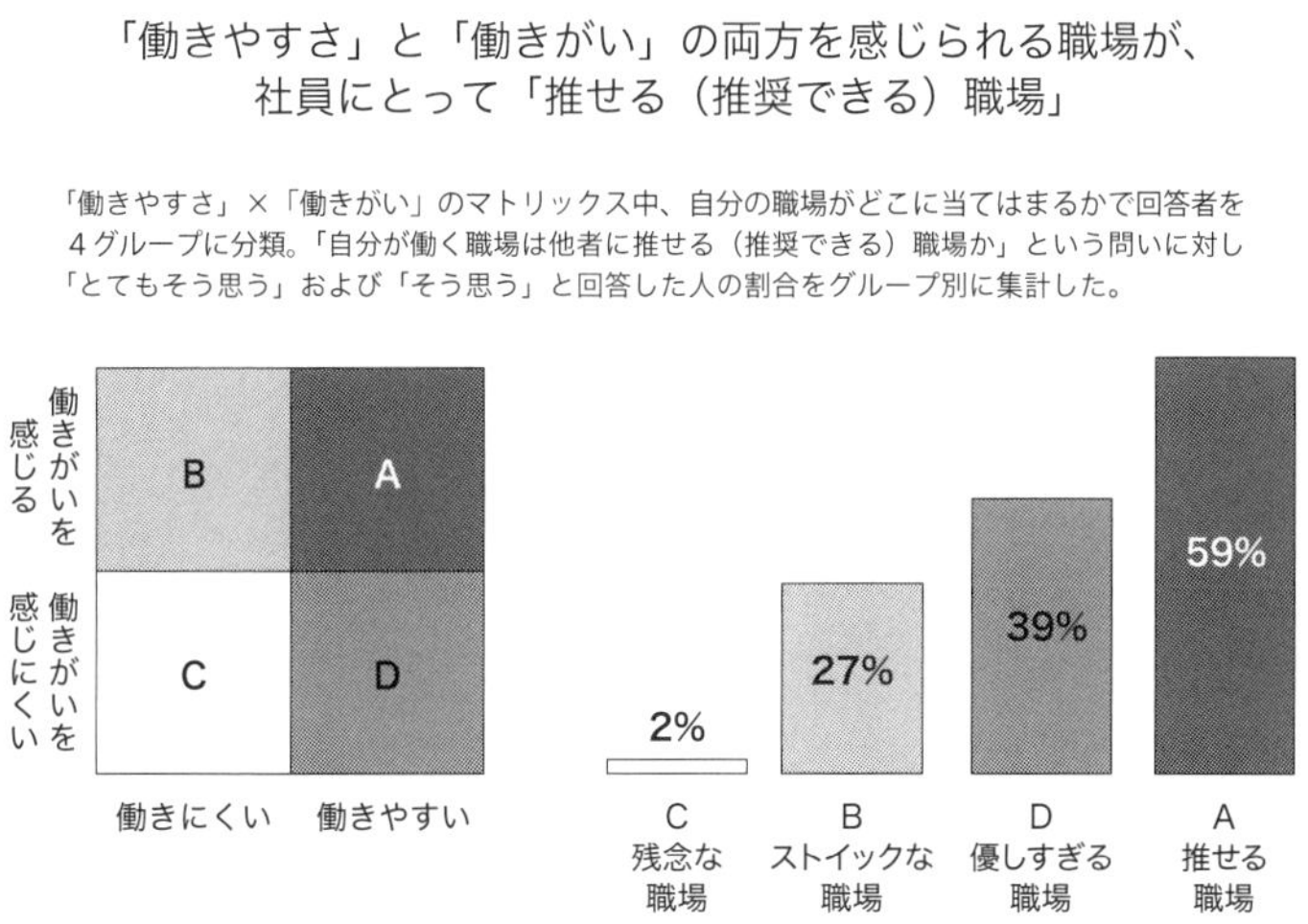

「働きやすさ」×「働きがい」のマトリックス中、自分の職場がどこに当てはまるかで回答者を4グループに分類。「自分が働く職場は他者に推せる（推奨できる）職場か」という問いに対し「とてもそう思う」および「そう思う」と回答した人の割合をグループ別に集計した。

出所：NEWONE

働きやすさと働きがいの両方がある組織は、従業員が他者におすすめしたくなるような、エンゲージメントの高い組織になりやすいと言えそうです。

あなたの組織・職場は今、この4象限のどこに位置しているでしょうか。この枠組みで自社の現在地を考えてみると、これから取り組むべき課題が見えやすくなるのではないかと思います。

組織と個人の関係性が近年大きく変わってきた中、従業員にとって「推せる」組織であるかどうかは、組織の未来を左右する問いになりそうです。組織が個人を縛り付けられる時代ではなくなり、働く人に選ばれる会社でなければ事業の存続が危うくなる時代です。そしてアイドルやアーティストを応援する「推し活」ブームの広がりは、人の主体的な参加意欲や貢献意欲が発揮されたときのパワフルさを示しているように思います。「推し」の心理や「推し活」のあり方のなかにも、これからのマネジメントのヒントがあるかもしれません。

いま、組織で働くことにはどんな意味があるのか

現代は組織に属さず、フリーランスで働く人も増えています。その分野のプロフェッショナルとして、一つの組織に縛られずに働くことで力を発揮できる人も多いでしょう。一方で、こうした時代だからこそ、組織やチームで働くことの意味や価値を働く人たちに伝えていくこともまた、マネジメントに携わる人の役割ではないかと思います。

組織で働くことにどんな意味や価値があるのか。答えは人によってさまざまでしょう。筆者らは、質の高いＥＸの中にその答えがあるように思います。

多様な刺激や成長機会、さまざまな人間関係、協力し合える安心感、仲間と共にやり遂げたときの達成感や連帯感、成果が出たときの高揚感など、豊かなＥＸは、組織・チームで仕事をするからこそ得られるものです。自分の弱みを補完できるような仲間がいること、失敗してもサポートしてくれる人がいることなども、組織で働くことの価値と言える

でしょう。組織や職場に対して「推し」のような気持ちを持てるなら、それも得難い価値になるでしょう。

仕事のなかで得るさまざまな感情、体験が、その人にとって、そこで働くことの意味や価値を形成するのではないでしょうか。

そうだとすれば、EXをデザインすることは、まさに仕事の意味、働く意味を問い直したり、作り直したりすることだとも言えます。

雇用の流動性が高く、働く場所も、働き方も、いろいろな選択肢があふれている時代。この時代に、ある組織で働くことにはどんな意味があるのか。自分にとって、この社員にとって、この組織で働くことは、どんな意味や価値を持ち得るのか。——ひとつの正解はないこうした問いに、EXの向上に取り組むことを通して、それぞれの答えを見出していただけたらと思います。

NOTE

（1）B・J・パインII、J・H・ギルモア『[新訳] 経験経済——脱コモディティ化のマーケティング戦略』（岡本慶一、小高尚子訳、ダイヤモンド社、2005年）

あとがき

本書を書き終えて、現代の日本における従業員体験（ＥＸ）を考えた際に改めて長期的な目線と広い視点から社会、組織、個人の関わりについて思いを馳せてみました。企業と社員の関係をより客観的にとらえるために「組織と個人の関係と体験」の歴史について社会的背景を踏まえながら少し振り返ってみたいと思います。

社会、組織、個人の歴史的変遷

社会の中における「組織（や職場）と個人の関係性」は、当然ながら時代とともに大きく変化してきました。採取、狩猟、農耕社会から産業革命を経て、情報化社会に至るまで、その変遷は文明の進化と密接に関連してきたと言えるでしょう。

狩猟社会から農耕社会へ移行し、人々は定住生活を始めます。これにより、より大きな社会的組織が必要となり、地域コミュニティや政治的構造が発展しました。個人は地域社会の役割が増し、組織との関係は複雑で階層的になりました。

古代文明では、組織は主に宗教や王権によって形成され、個人はその一部としての役割を果たすことが求められました。組織は社会秩序を維持するための手段であり、個人はその秩序に従うことで社会の構成要因としての身分を得ることができました。「個人としてのＥＸ」よりも一市民は王権や宗教の「存続のための手段」としてとらえられていました。

しかし、産業革命により、組織の性質は大きく変わります。工業化とともに、組織は生産性の向上と効率化を追求する方向へと変化し、個人は組織内で特定の技能を持つ労働者としての役割を担うようになったのです。この時代は、労働者としての技能や生産性向上が目的となったＥＸが中心となります。具体的には、工場のラインに時間通りに出勤しマニュアル通りの作業をミスなく実施することを核としたＥＸが設計されます。工業化社会における労働力としての「人的資源」の誕生です。

20世紀に入ると、組織と個人の関係はさらに複雑なものとなります。大規模な企業が登場し、グローバリゼーションも進む中で、個人は自己実現とキャリアの発展を追求するようになりました。この時代、組織は個人の能力を最大限に引き出すための場と見なされるようになり、個人は組織に対してより主体的、積極的に関与するようになりました。

また、情報技術の発展は、個人と組織の関係に新たな次元をもたらしました。インターネットの普及により、情報の流れは加速し、個人は組織の外でも大きな影響力を持つようになりました。そのような流れの中、組織目線のＥＸから より個人目線のＥＸへと変化していきます。

そして現代、組織と個人の関係はさらに多様化しています。フリーランス、副業、リモートワークの普及により、個人は従来の組織形態の枠組みから離れ、より自由な働き方を選択するようになりました。ＥＸも加速度的に多様化、個別化していきます。より可変性のある「人的資本」として、個人の役割が拡張しています。このように、組織と個人の関係は、社会の変化とともにより大きく早く変化しています。

近代日本における組織と個人

人類の歴史の中でそれぞれの時代において社会環境の変化とともに組織の役割、そして組織と社員の関係性も大きく変化してきたことがご理解いただけたと思います。それではここでさらに近代日本における組織と個人の関係性を見ていきましょう。

日本において、昭和、平成、令和という時代の移行とともに、働く人々の意識や価値観は大きく変化してきました。昭和時代、特に高度経済成長期にかけて、終身雇用や年功序列が働く人々の基本的な価値観として確立されていました。この時代の多くの労働者は、一つの企業に長く勤め上げることが美徳とされ、企業への忠誠心が高く評価されました。結果、組織は安定した労働力を確保することができ、社員は職場での安定を享受することができました。終身雇用、年功序列を前提としたＥＸが設計されてきました。

平成に入ると、バブル経済の崩壊やグローバル化の進展、情報技術の急速な発展などにより、労働市場は大きく変化しました。終身雇用や年功序列の価値観が揺らぎ始め、キャリアに対する個人の選択肢が拡がりました。労働者はより柔軟な働き方やワークライフバランスの重要性を意識するようになり、自己実現やキャリアアップに対する欲求が高まりました。組織は、従業員のモチベーションやエンゲージメントを高めるために、従業員体験の向上が重要な課題となりました。たとえば、リクルートホールディングスは、多様なキャリアパスの提供や、社員の自主性を尊重する文化を推進し、社員が自らのキャリアをデザインできる環境を整えました。

令和になり、COVID-19の影響でリモートワークが急速に普及し、働く人々の意識はさらに大きく変わりました。働き方の柔軟性が一層重視され、仕事と私生活の境界が曖昧になる中、組織としては社員が健康的で持続可能な働き方を続けられるよう、さらに細やかな配慮が求められるようになりました。たとえば、富士通は「Work Life Shift」というイニシアチブを通じて、時間や場所に縛られない働き方を全社的に推進し、社員一人ひとりの最適なワークスタイルを実現させＥＸの向上を目指しています。

近代日本において昭和、平成、令和、と時代が移る中で社会、組織、個人の経済活動、組織と職場のあり方が大きく変化してきました。何十年にもわたって正社員として働くという前提からより短期的で多様な働き方をするようになった現在ではEXをとらえるメガネもより解像度を高め、個人の体験をきめ細かく見ていく必要が出てきたのです。

このように組織と個人の関係性の変化は年々スピードを増しています。求められる関係性が急速に変化する中でどのように柔軟にその変化に向き合っていくのか?が根本的に問われている時代に私たちは生きていると言えるでしょう。歴史的に見ても現在ほど大きく「働き方と働きがい」に対する意識と仕組みのバージョンアップが求められる時代はなかったと言えます。

『組織の未来はエンゲージメントで決まる』の続編として

世界的に見ても日本人の働きがい、エンゲージメントがとても低いことを危惧し、5年前に『組織の未来はエンゲージメントで決まる』をアトラエの新居佳英代表との共著で出版させていただきました。その後、日本でも人的資本経営、ウェルビーイング向上、などの流れから「エンゲージメント」の認知もより広がりました。ところが残念ながら日本企業のエンゲージメントはギャラップ社などの調査によっても一向に回復の兆しが見られません。『日経ビジネス』２０２４年1月29日号の特集は「エンゲージメント崩壊」で、日本のエンゲージメントが世界最低であることを危惧しています。

なぜここまで日本の社員のエンゲージメントが低下してしまったのでしょうか？　さまざまな要因が考えられますが、社会環境が大きく変化する中において組織の仕組み（ハード）と働く人の思考や行動（ソフト）の両方が十分かつ柔軟に変化対応することができなかったことが要因の一つとして考えられます。そこで私たちがエンゲージメント向上の鍵として注目したのが「従業員体験（ＥＸ）」です。なぜなら「従業員体験」を支点、基準にすることで「組織の仕組みと個人の思考と行動」の両方を「現場に沿ったかたちで具体的に」変化、成長させる可能性があると確信したからです。

すでにエンゲージメント向上に取り組んでこられた方は、その向上が容易ではないことを身をもって体験されたのではないでしょうか。コロナ禍以前の話になりますが、社員数が１０００人以上のクライアント企業で、エンゲージメント向上のためのさまざまな施策を2年、3年に渡って実施してきたにもかかわらずエンゲージメントスコアに変化が見られなかったり、逆にじわじわと低下してしまうケースをいくつも見てきました。その辛い期間もプロジェクトメンバーは諦めずにここで紹介されたＥＸ向上アクションなどを継続的に実施することで3年目以降ようやくスコアに改善が見られ、現在は過去最高スコアを更新しています。スコアが低下する辛い時期に諦めずに本当に良かったと思っています。

この7、8年の間にNEWONEの上林さんも私もさまざまな企業現場でエンゲージメント向上、人的資本経営の実践のサポートや自らの組織での実装する際の生々しい経験を重ねてきました。上林さんはコンサルティングファームでコンサルタントとして活躍後、独立されその豊富なご経験を活かすことで、現在はNEWONE代表として組織のエンゲージメント向上の支援をされています。

エンゲージメント、ウェルビーイング、人的資本などのバズワードが広がるにつれて、経営や現場もそれぞれの側面や意味合いを持ちながら改革が行われています。その改革がうまくいけばいいのですが、実際、その取り組み自体が逆に現場にプレッシャーを与え、エンゲージメントを下げてしまっている残念な事例も多発しています。

これらの経営概念は抽象度が極めて高く、概念構造と理論的背景もとても複雑なもので、立場によってそのとらえ方も異なります。抽象的な経営概念の表面的実装は現場で働くメンバーに混乱を与えてしまうことがよくあります。「人的資本を意識しなさい」「エンゲージメントを高めなさい」「社員の幸福度を高めましょう」と新たな目標、タスクが降ってきても、現実的には日常業務でいっぱいいっぱいで「何をどうしていいのか分からない」状況を作り出してしまうケースが多々あります。そのような中で『組織の未来はエンゲージメントで決まる』の続編を世に提示したいという思いも強くなりました。

現場目線で抽象概念を噛み砕き、解像度を高くした枠組みは何かないかと模索しているときに辿り着いたのが本書で紹介させていただいた「従業員体験（ＥＸ）」という概念です。本書では、ＥＪＭ（エンプロイージャーニーマップ）をはじめ、現場でより具体的に何をどのようにすればいいかについてＮＥＷＯＮＥの上林さん、英治出版の高野さんと議論し提示させていただきました。本書の執筆中においてもさまざまな関係者の協力を得て、ＥＪＭを描き、それを元に対話し、そして改善策を導き、実践することを繰り返してきました。そのような経験を元にして考えたことや気づいたことを学術的側面と実務的側面の両方から解説することを試みたのが本書です。

現在進行形のＥＸ向上プロジェクト

本文の中ではご紹介できなかったのですが、現在進行形で試行錯誤しながら取り組んでいるＥＸ向上プロジェクトに「ビジョンペインティング」、「クリエイティブシンキングの職場導入」、「採用エンゲージメント」、「ＡＩ活用による働きがい向上支援」などの取り組みがあるのでここで簡単に紹介させていただきます。

「ビジョンペインティング（visionpainting ®）」とは組織や経営者の想いやビジョンを文字で

はなくアート、絵画で表現する取り組みです。言葉だけでは表現しづらい「物語」「世界観」を絵で表現するのです。ビジョンペインティングをオフィスの入り口やカフェテリアの壁画に描くと、そこで社員同士のみならず来客者とのコミュニケーションが触発されエンゲージメントやEXが高まることが分かってきました。

「クリエイティブシンキング」は「ロジカルシンキング」の対極となる思考法で、自由に直感に基づいた「拡散的思考法」で、代表的なツールに「ブレーンストーミング（ブレスト）」があります。本来ブレストは新規事業のアイデア出しなど「事業開発」のために実施されてきました。ところが私たちが現場でブレストを実施すると「組織開発」のツールとしてとても有用であることがわかってきたのです。職場での適切なブレストは個人の意見や感情を表現し共有できる場として機能し、違いを尊重し多様性を受け入れる文化を醸成し、エンゲージメントを高めてくれます。

「採用エンゲージメント」は名大社、パフ、ビジネスリサーチラボで「求職者と組織の双方の体験価値とエンゲージメントを高める採用プロセスとはどのようなものか？」を問うことからたどり着いたコンセプトです。個人と組織の「ジョブスタイル」「カルチャースタイル」フィットを最適化しながら創発的に価値創造することを目指した採用・オンボーディングのプロセスを世に提案し、「求職者&採用者のEX向上」を目指しています。

さらに今後を見据えた上でMIRACREATIONと01STARTで取り組み始めたプロジェクトに「ＡＩ活用による働きがい向上支援」があります。人と人、人と組織の関係に適切にＡＩを取り込むことで「働き方」と「働きがい」を高め総合的なＥＸ向上を目指しています。労働人口が減少し続ける日本において「ＡＩを核としたＤＸ推進とＥＸ向上」は今後より重要な経営テーマになっていくでしょう。

これからの職場では、組織と社員の関係がよりダイナミックで相互依存的なものになることが予想されます。社員のスキルやキャリアの開発は、組織の成長とより直接的に関連していくでしょう。そのため、組織は、継続的な学習機会の提供、キャリア開発のための個別化されたプランの策定、社員のアイデアや創造性を尊重するオープンなコミュニケーションの場の提供などを通じて、社員の成長を促進することが求められるようになっていくでしょう。

文末とはなりますが、ＥＪＭ作成、ワークショップ、そして企業事例の現場のインタビューにご協力いただいたグロービスの金澤英明さん、井上佳さん、土橋涼さん、ＥＪＭ作成にご協力いただいた福井基成さん、友田義崇さん、滝澤恭平さん、アクセンチュアの宇野希さん、藤井亨子さん、ワークショップにご協力いただいたMIRACREATIONの前田裕美さん、下村勝光さん、北川賢司さん、その他執筆のアイデア出し、校正にご協力いただいた名大社の山田哲也さん、髙井明広さん、二村勇樹さん、パフの釘崎清秀さん、吉川安由さん、保坂光江さん、大岡伸次さん、田代明久さん、ビジネスリサーチラボの伊達洋駆さん、アトラエの魚住鵬さん、フジイ金型の藤井寛達さん、サーバントコーチの世古詞一さん、コメ兵の石原卓児さん、山内拓也さん、永田真也さん、山田侑佳さん、サンコーの角谷太基さん、英治出版の原田英治さん、高野達成さんの皆様に心より感謝申し上げます。特に高野さんには執筆の前段階からコンセプト出し、全体の構成や文章の細部に至るまできめ細かくサポート、アドバイスをいただきました。この場をお借りして改めて御礼申し上げます。

本書を通じて、従業員体験（ＥＸ）に対する理解が深まり、組織と個人が互いに成長し合える未来が築かれることを切に願っています。急速に変化し続ける社会と働き方の中で、組織と社員がどのように進化し、共に成長していくのかを探求する旅はこれからもまだまだ続いていくでしょう。読者の皆様と共に、この重要なテーマに対してさらなる理解と実践を深めていくことを楽しみにしています。本書に関するご意見、ご質問のある方はどうぞお気軽にメール、ＳＮＳにてコンタクトしていただければ幸いです。

グロービス経営大学院講師
ミラクリエイション株式会社取締役
松林　博文

［著者］

上林 周平
Shuhei Kambayashi

株式会社 NEWONE 代表取締役社長

大阪大学人間科学部卒業。アンダーセンコンサルティング（現アクセンチュア）に入社。2002 年、㈱シェイク入社。企業研修事業の立ち上げ、商品開発責任者として、プログラム開発に従事。新人～経営層までファシリテーターを実施。2015 年、代表取締役に就任。2017 年 9 月、エンゲージメント向上支援を目的に株式会社 NEWONE を設立。著書に『人的資本の活かしかた――組織を変えるリーダーの教科書』（アスコム）、共著書に『辞めません。でも、頑張りません。』（中経出版）がある。

https://new-one.co.jp/

松林 博文
Hirofumi Matsubayashi

グロービス経営大学院講師、MIRACREATION 株式会社取締役

海外営業を経てミシガン大学 MBA 修了後、ジョンソンで中長期戦略立案、マーケティングを担当。エンゲージメント向上、個の創造性発揮、次世代型組織デザイン開発をライフワークとする。 著書、共著書に『組織の未来はエンゲージメントで決まる』（英治出版）、『［実況］ マーケティング教室』（PHP 研究所）、『クリエイティブ・シンキング』『グロービス MBA マーケティング』（ダイヤモンド社）、『MBA 経営キーコンセプト』（産能大学出版部）、『ビジネスに出る英単語』（講談社）、翻訳書にアンジャン・V. セイカー『バリュー・クリエーター』、ジェリー・ワイズマン『パワー・プレゼンテーション』（ダイヤモンド社）などがある。趣味はサーフィン＆自然派ワイン＆トロピカルアート。

hmatsuba@globis.co.jp
hirofumi.matsubayashi@miracreation.co.jp

[英治出版からのお知らせ]

本書に関するご意見・ご感想を E-mail（editor@eijipress.co.jp）で受け付けています。
また、英治出版ではメールマガジン、Web メディア、SNS で新刊情報や書籍に関する記事、イベント情報などを配信しております。ぜひ一度、アクセスしてみてください。

メールマガジン：会員登録はホームページにて
Web メディア「英治出版オンライン」：eijionline.com
X / Facebook / Instagram：eijipress

組織の未来は「従業員体験」で変わる

人手不足の時代にエンゲージメントを高める方法

発行日	2024 年 6 月 25 日　第 1 版　第 1 刷
著者	上林周平（かんばやし・しゅうへい）、松林博文（まつばやし・ひろふみ）
発行人	高野達成
発行	英治出版株式会社 〒150-0022 東京都渋谷区恵比寿南 1-9-12 ピトレスクビル 4F 電話　03-5773-0193　　FAX　03-5773-0194 www.eijipress.co.jp
プロデューサー	高野達成
スタッフ	原田英治　藤竹賢一郎　山下智也　鈴木美穂　下田理　田中三枝 平野貴裕　上村悠也　桑江リリー　石﨑優木　渡邉吏佐子 中西さおり　関紀子　齋藤さくら　荒金真美　廣畑達也　太田英里
装丁	英治出版デザイン室
校正	株式会社聚珍社
印刷・製本	中央精版印刷株式会社

ISBN978-4-86276-336-5　C0034　Printed in Japan